Walter Pacher

Wenn Kinder keine Grenzen kennen

HERDER / SPEKTRUM
Band 4494

Das Buch

Unsere Kinder wachsen heute mit dem Lebensgefühl auf: Ich habe das Recht, alles zu haben und zu machen, was ich will. Bei aller Freizügigkeit, die wir unseren Kindern zugestehen, kommen wir um das Setzen klarer Grenzen nicht herum. Doch ein entschiedenes NEIN zu sprechen – ohne wenn und aber – fällt uns so schwer. Denn einerseits wollen wir auf keinen Fall in die dirigistische Vergangenheit zurückfallen, andererseits lastet auf uns die Verantwortung, unsere Kinder vor nicht gutzumachenden Fehlern zu bewahren. Dies ist aber nur möglich, wenn es weder „große noch kleine Tyrannen" gibt und Gespräche mit Achtung und Respekt aller Beteiligten geführt und deren Freiräume akzeptiert werden.

In diesem Buch sind sowohl Gespräche nachzulesen, welche mehr Probleme geschaffen, als gelöst haben. Vor allem aber beinhaltet das Buch Gespräche, die nachweisbar Erfolg hatten. Eine spannende Lektüre über ein brisantes Thema.

Der Autor

Walter Pacher, geboren 1925, ist diplomierter Erwachsenenbildner. Diplomabschluß an der Akademie für Erwachsenenbildung in Luzern. Seit 1960 beschäftigt mit Gesprächs- und Menschenführung. Bekannt in Deutschland, Österreich und der Schweiz durch seine Vorträge und die sogenannten Pacher-Kurse. Bei Herder / Spektrum: Wenn Kinder immer anders wollen (4118); Ich will doch nur das Beste für mein Kind (4119).

Walter Pacher

Wenn Kinder keine Grenzen kennen

Konflikte lösen ohne Machtanwendung

Herder
Freiburg · Basel · Wien

Gedruckt auf umweltfreundlichem,
chlorfrei gebleichtem Papier

5. Ausgabe

Alle Rechte vorbehalten – Printed in Germany
© Verlag Herder Freiburg im Breisgau 1997
Neuausgabe Verlag Herder 1997
Herstellung: Freiburger Graphische Betriebe 1999
Umschlaggestaltung: Joseph Pölzelbauer
Umschlagfoto: © Ursula Markus, Zürich
ISBN 3-451-04494-3

Inhalt

Vorwort 9

Teil I: Kritische Situationen aus dem Alltag 11

1. Wer holt den Segelflieger? 11
2. Die verflixte letzte Sekunde. 13
3. Zufallslösungen 15
4. Fremd- oder Selbstbestimmung 16
5. Philosophie des Streitens 17
   Den Teufel mit dem Beelzebub austreiben 20
6. Streicheleinheiten – oder es braucht so wenig 20
   Im Flur oder in der Küche? 24
7. Der Wellensittich – oder Ei oder Huhn? 24
   Das Gezuruh 26
8. Wie viele Augen hat der liebe Gott? 27
   Musik ist, wenn es laut ist 28
9. Der Major – oder Halten und Verlieren 29
10. Woher kommt der liebe Gott? 31
    Abwaschen. 32
11. Kevin und das Arschloch – oder der Stellenwert der Fäkalwörter? 33
    Das Gebiss 34
12. Die Uhr – oder wenn ein Kind stiehlt 35
13. An der Aufgabe wachsen 39
14. Die Schlange und das Mittagessen – oder warum Kinder immer am dümmsten Ort stehen 41
15. Der Krach im Autofond – oder Humor ist, wenn man über der Sache steht 43
    Eddi und seine Ellbogen 48

16. Ein Paar Rollerskaters für zwei Kinder –
oder gleiche Schuhgrösse und die Folgen 50
Schmutzige Füsse 55
17. Das unterbrochene Indianerspiel –
oder Freiheit, die ich meine! 56
18. Der rätselhafte Peter – oder warum ein Vegetarier
Schweineschinken isst 60
19. Ich mache, was ich will 65
20. Tägliches Zähneputzen – oder mit Phantasie
geht manches besser 77
21. Was meinem Sohn nicht alles einfällt! 79
Der Opa schimpft immer 81
22. Das Dreirad und der Kieshaufen 82
23. Beat und das Internat 84
Männliche Aufmerksamkeit 88
24. Willy und der Sinn der Schule. 89
25. Die Problemlösungsmaschine 92
26. Kinder kennen keine Grenzen – oder Grenzen
setzen ohne Machtmissbrauch 98

Teil II: Roter Faden einer wirksamen Idee 105

Frage 1: „Wie kann ich in der Erziehung
auf Macht verzichten?" 105
Frage 2: „Wie wird meine Rede wirksam?" 105
Frage 3: „Wie aber werden meine Sätze
vorwurfslos?" 106
Frage 4: „Wie kann ich ohne Dirigismus
Einfluss haben?" 107
Frage 5: „Wie soll denn das gehen? Das Kind
lümmelt bei Tisch, und ich soll mich
mit Problemen herumschlagen?" 107
Frage 6: „Wie kann ich in einem Streitgespräch
die Emotionen senken?" 108
Frage 7: „Welche Mittel bleiben mir, wenn das
Kind immer noch nicht mitzieht?" 109

Frage 8: „Wie gelange ich zu brauchbaren
         Lösungen?" 110
Frage 9: „Wie wird mein Kind endlich
         gesprächsbereit?" 111
Frage 10: „Wie leite ich ein Gespräch ohne
         Dirigismus?" 111
Frage 11: „Wie kann ich wissen, was in meinem
         Kind wirklich vorgeht?" 112
Frage 12: „Wie wird es mir möglich, den wahren
         Grund für das Verhalten meines Kindes
         herauszufinden?" 113
Frage 13: „Woher kommt mein unterschwelliger
         Druck, mich und andere Leute zu
         beschuldigen?" 113
Frage 14: „Woher nehme ich denn die Gelassen-
         heit, in kritischen Situationen so
         besonnen zu reagieren?" 114
Frage 15: „Worum geht es eigentlich?" 115

Roter Faden – Kürzestfassung 117

Kurse 121

Empfohlene Literatur 122

Vorwort

Die schönste Theorie ist wertlos, wenn sie nicht praxiserprobt ist. Wie aber kann man eine Erziehungstheorie so beschreiben, so verständlich erklären, dass der Leser sie versteht und dass er sie auch anwenden kann? Eine mögliche Antwort wäre: Beispiele und Erlebnisse zu sammeln und zu kommentieren.

Dieses Buch versucht diesen Weg zu gehen. Wer es einmal unternommen hat, Situationen selber zu erfinden, der weiss, wie schwer das ist. Die Wirklichkeit ist einfallsreicher, origineller, ja amüsanter als alles, was sich ein Mensch auszudenken vermag. Deshalb arbeitet dieses Buch mit konkreten Beispielen, die aus dem Leben gegriffen und echt sind. Die Namen sind geändert und die Gespräche gestrafft. Der Inhalt aber ist verbürgt. Jene Begebenheiten, welche ich miterlebt habe, sind als solche vermerkt. Kürzere, einfachere Situationsbeschreibungen sind exemplarisch für viele ähnliche Unannehmlichkeiten, denen wir im Erziehungsalltag immer wieder begegnen.

Die meisten Beispiele weisen einen Dreischritt auf:
- Ein Gespräch in der üblichen, dirigistischen Grundhaltung;
- einen INFO–Teil mit theoretischem Hintergrund;
- und schliesslich das gleiche Gespräch in der *Verstehenden Grundhaltung*.

Auf diese Weise hoffe ich, dem Leser beides zeigen zu können: Die praktische Durchführbarkeit und den theoretischen Hintergrund.

Durch die genaue Beschreibung der konkreten Situationen

wirken einige Gespräche vielleicht rezepthaft. Das Buch will das Gegenteil: Es will eine Grundhaltung vermitteln und keine Rezepte.

Mein besonderer Dank geht an Vreni Bösch und Susanne Fenner für ihre Ideenbeiträge, Korrekturen und intensiven Gespräche, an Willi Frey fürs Korrigieren und an Silvia Jockel, welche mit viel Umsicht, selbständigem Mitdenken und endlosen Korrekturen alles auf dem PC geschrieben hat.

Zürich, im Januar 1997　　　　　　　　　　　Walter PACHER

Teil I: Kritische Situationen aus dem Alltag

1. Wer holt den Segelflieger?

Ich bin bei einer Familie eingeladen. Die Mutter hat besonders mit dem zehnjährigen Max Schwierigkeiten. Er sei verstockt, gehorche nicht und sei frech. Auf nichts sei er ansprechbar. Sie ist am Verzweifeln!

Gestern hat Max einen Flieger zu sieben Mark geschenkt bekommen. Man kann ihn mit einem Haken an ein Gummiband hängen und hoch in die Luft schleudern. Max und ich gehen auf die Wiese hinter dem Haus und probieren das Ding aus. Bei einem besonders geglückten Schuss von Max fliegt das Gefährt in den Garten des Nachbarn. Dieser Garten ist durch eine dichte Naturhecke abgetrennt. Will man hinüber gelangen, muss man bis vorn an die Strasse und auf der anderen Seite zurücklaufen. Max beschliesst, er hole den Flieger nicht. Das sei zu weit. Ich sage: „Gut, spielen wir etwas anderes."

Aber wir haben die Rechnung ohne den Wirt, sprich ohne die Mutter gemacht. Sie hat den Vorgang durch das Küchenfenster beobachtet, kommt herunter und befiehlt Max: „Du holst sofort den Flieger! Gestern neu gekauft und schon ist er weg! Man kann dir schenken, was man will, du gibst auf nichts acht! Ich verschleudere doch nicht sieben Mark einfach so!" Max reagiert nicht und läuft gelangweilt davon. Die Mutter packt ihn am Arm und zerrt ihn Richtung Hecke. Max heult und flucht. Die Mutter schimpft und holt den Herrn Papa. Dieser versucht zu beschwichtigen und spricht in ruhigem festem Ton. Kein Echo. Beide Eltern stehen ratlos da, während Max motzend im Garten umherläuft.

Da reisst der Mutter die Geduld. Laut vor sich herschimpfend, rennt sie zur Strasse, um den Naturzaun herum in Nachbars Garten, holt den Flieger, rennt den gleichen Weg zurück und übergibt ihn Max mit den Worten: „So, und jetzt achte gefälligst darauf, wo du das Zeug herumschiesst. Ein zweites Mal hole ich den Flieger nicht mehr!!!" Und zu mir gewendet: „Jetzt hast du es gerade gesehen. Und solche Szenen jeden Tag! Wo soll das noch hinführen?"

Theorie:
Max handelt von seinem Standpunkt aus völlig richtig. Die Frage reizt ihn: Wieviel Zeit braucht es, bis die Mutter den Flieger holt? Sein Lebensgefühl lautet: Ich bin der Prinz. Alle sind für mich da.

Für die Mutter geht es um die Frage: Sieben Mark retten, dafür Dienerin des Herrn Sohn zu bleiben. Oder sieben Mark verlieren, dafür Autorität gewinnen.

Es geht aber auch um das Thema „Geschenk". Die Mutter erwähnt zweimal, sie habe Max den gekauften Flieger geschenkt. Wenn das stimmt, hätte doch Max das Recht, den Flieger zum Beispiel mit einer Schere zu zerschneiden. Es sollte die Mutter nicht mehr beschäftigen. Wenn es die Mutter doch beschäftigt, erhebt sie immer noch Anspruch auf das Geschenk und Anspruch auf richtiges Verhalten von Max. Hier geht es nur um sieben Mark. Wie aber verhalte ich mich nach dem Kauf eines Kleidungsstücks, eines Kinderfahrrades, eines Computers? – Der Betrag ist höher, das Prinzip das gleiche.

Der Dirigismus seiner Mutter bewirkt bei Max starke Opposition. Er bewirkt den unbändigen Drang in ihm zu kämpfen, sich freizustreiten, eine Gegenmacht aufzubauen.

Wie hätte der Nachmittag anders verlaufen können?
Beginnen wir von vorne: Gestern hat Max einen Flieger für sieben Mark geschenkt bekommen. Max und ich gehen auf die Wiese hinter dem Haus und probieren das Ding aus. Bei einem besonders geglückten Schuss von Max fliegt das Gefährt in den Garten des Nachbarn. Max beschliesst, den Flieger nicht

zu holen. Das sei zu weit, meint er. Ich sage: „Gut, spielen wir etwas anderes."

Die Mutter hat den Vorgang durch das Küchenfenster beobachtet. Sie ist schon dabei, die Schürze abzulegen, aber da besinnt sie sich: Es ist ja sein Problem, sagt sich die Mutter. Ich mische mich da nicht ein. Der Flieger ist jetzt sein Eigentum. Er darf damit machen, was er will.

Ich spiele mit Max etwas anderes. Jetzt gibt es Kaffee und Kuchen. Max rennt auffallend schnell wieder in den Garten. Wir lassen uns Zeit, sprechen über dieses und jenes. Als ich schliesslich auch wieder hinunter auf die Wiese komme, um mit Max weiterzuspielen, sehe ich ihn fröhlich mit dem Flieger hantieren. Er schiesst jetzt in die andere Richtung. Wo bleibt eigentlich die Streiterei?

Eure Kinder sind nicht eure Kinder.
Sie sind die Söhne und Töchter von des Lebens
Verlangen nach sich selber.

Khalil Gibran

---

2. Die verflixte letzte Sekunde

Eine Teilnehmerin kommt wegen einer einzigen Schwierigkeit in den Kurs. Ihr fünfjähriger Christian rennt immer eine Sekunde zu spät aufs Klo. Bis er seine Jeans offen hat, ist die Unterhose nass.

Seine Erklärung ist immer die gleiche: „Das Spielen war so spannend, da konnte ich einfach nicht weg." – Die Mutter schimpft: „Das stimmt doch nicht, du kannst sehr wohl eine halbe Sekunde früher vom Spielen weg. Wie soll denn das im Kindergarten werden? Du stinkst dann dort nach Urin! Was denken denn die anderen! Jeden Tag muss ich zehn Unterhöschen waschen. Das ist doch verrückt!"

Sie geht mit Christian zum Arzt: Organisch ist alles in Ordnung. Sie geht mit Christian zum Psychologen: Das Kind ist völlig normal. Sie braut Christian spezielle Teesorten und zwingt ihn, zu bestimmten Zeiten auf die Toilette zu gehen – nichts hilft: Die Höschen sind immer wieder nass. Die Mutter weiss sich nicht mehr zu helfen.

Theorie:
Was geht in Christian vor? Er weiss, wie er zu seinen Streicheleinheiten kommt. Er spürt – natürlich unbewusst – dass er die Macht hat zu bestimmen, wieviele Höschen seine Mutter pro Tag waschen muss. Jedesmal wenn er ruft: „Mami, mein Höschen ist nass!", kommt sie zu ihm, zieht ihm das nasse Höschen sogar selber aus und ein ganz neues, schön weiches Höschen an. Das ist wundervoll! Es ist auch so schön, sich bei Mami anzulehnen und sie zu spüren. Ja, und das bekommt er dann mehrmals pro Tag! Den ewig reklamierenden Ton seiner Mutter hört er schon lange nicht mehr. Christian hat sich durch sein Verhalten einen Lustgewinn in Form von Zuwendung der Mutter verschafft. Deshalb ist das Verhalten aus seiner Sicht völlig richtig. Christian wird sein Verhalten erst ändern, wenn die Mutter ihr Verhalten ändert.

Es kommt dazu, dass Christian die Verantwortung für trockene Höschen nicht in einem positiven Gespräch übergeben wurde.

Und wie ging es mit Christian weiter?
Mein Rat war einfach: Ich habe der Mutter empfohlen, Christian folgendes zu sagen: „Lieber Christian, du bist jetzt schon so gross, dass du deine Hosen ganz lange trocken behalten kannst, wenn wir ausser Haus sind. Deshalb habe ich mich entschlossen, dir die Verantwortung für die nassen Höschen zu übergeben. Du bekommst von mir pro Tag ein Unterhöschen. Ich werde dir die Höschen untertags nicht mehr wechseln. Alle Höschen kommen jetzt auch in den Wäschesack und werden nur noch freitags gewaschen."

Natürlich hatte Christian am nächsten Tag wieder nasse Höschen. Aber die Mutter blieb konsequent. Christian musste den ganzen Tag mit feuchten Höschen herumlaufen. So schnell wollte er nicht aufgeben, denn er musste doch ausprobieren, wie ernst es seiner Mutter mit der neuen Masche ist. Die kritische Zeit dauerte nur drei Tage. Dann war Christian trocken, und zwar für immer.

> Ein vorwurfsloser Satz ist wie ein wärmender Sonnenstrahl.
>
> wapa

3. Zufallslösungen

Mit der ganzen Familie „beladen", bleibt Ihr Auto plötzlich stehen. Keine Zündung, kein Wank. Alle steigen aus.

Während Sie versuchen, mit System den Fehler zu finden, macht sich der Rest der Familie frisch ans Werk:

Der Sohn öffnet die Werkzeugkiste. Er probiert, welcher Schlüssel zu welchen Schrauben passt und schraubt fröhlich drauf los. Die Tochter vermutet, es könnte am Armaturenbrett liegen. Sie setzt sich ins Auto und probiert Hupe, Scheibenwischer, Anlasser und Scheinwerfer aus, während die Mutter Lackfarbe und Pinsel entdeckt. „Das liegt an den Roststellen, die müssen verschwinden!", sagt sie überzeugt.

Frage: Wie schnell findet die Familie wohl die wahre Ursache und die beste Lösung? – In der Technik leuchtet es ein: Mit System geht es schneller als mit Zufallslösungen.

Und in der Erziehung? Auch hier gilt: Ich kann nur ein Problem lösen, das ich kenne.

> Man will keine Probleme.
> Deshalb hat man Probleme.
>
> wapa

4. Fremd- oder Selbstbestimmung

Eine Kursteilnehmerin erzählte uns folgende amüsante kleine Begebenheit: Die Mutter kommt am späten Nachmittag erschöpft von der Arbeit nach Hause. Sie hat müde, schwere Beine und legt sich aufs Sofa. – Die sechsjährige Anne jammert: „Mama, komm und spiele mit mir. Mir ist es so langweilig." – Die Mutter: „Ich mag jetzt nicht, lass mich liegen." – Die Kleine zieht am Arm der Mutter: „Aber ich will spielen!"

Die Mutter denkt nach und sagt: „Du, ich habe eine Idee, wir machen folgendes miteinander ab: Du bringst mir jetzt die Zeitung und lässt mich zehn Minuten lesen. Und dann komme ich und spiele mit dir."

Da stellt sich die Kleine keck vor die Mutter hin, stemmt ihre Fäustchen in die Hüften und sagt mit strenger Miene: „Da habe ich eine ganz andere Idee: Ich bringe dir jetzt die Zeitung, und dann lasse ich dich zehn Minuten lesen. Und dann hole ich dich, und du spielst mit mir."

Die Mutter durchschaut das Bedürfnis von Anne und sagt: „Also gut, dann machen wir es eben so."

Theorie:
Selbstbestimmung: Jeder Mensch, also auch jedes Kind, wünscht sich möglichst viel Selbstbestimmung und möglichst wenig Fremdbestimmung. Es geht also selten um die Sache an sich, sondern um das Bedürfnis nach persönlicher Freiheit. Als Anne das Gefühl der Selbstbestimmung zugestanden wurde, war sie mit dem Vorschlag ihrer Mutter einverstanden.

Viele Schwierigkeiten lösen sich leichter, wenn den Beteiligten das Bedürfnis nach Selbstbestimmung zugestanden wird.

Vorwurfslos Probleme lösen –
ein hehres Ziel,
aber lohnend.

wapa

5. Philosophie des Streitens

Eine Mutter klagt mir: Warum müssen meine Kinder immer miteinander streiten? Und ausgerechnet, wenn Besuch da ist, dann ist es am schlimmsten. Hier das letzte Beispiel:

„Ich will mit meinem Besuch im Wohnzimmer ein wichtiges Gespräch führen. Da kommen die fünfjährige Vanessa und der siebenjährige Manuel in die Stube gerannt und zanken sich mit lautem Gebrüll. – Mich nervt es, und ich rufe: „Jetzt seid doch still!" – Keine Reaktion. – Ich: „Jetzt geht ihr aber augenblicklich raus!" – Die Kinder verschwinden. Endlich Ruhe! – Doch nach fünf Minuten geht es wieder los: Manuel: „Vanessa lässt mich nicht mit der Eisenbahn spielen!" – Ich: „Dann spielst du eben etwas anderes." – Manuel: „Nein, ich will jetzt mit der Eisenbahn spielen!" – Vanessa: „Das stimmt ja gar nicht! Er hat seine Eisenbahn zu meiner Puppenküche geschleppt!" – Ich renne hinüber und versuche zu schlichten. Erfolglos! Nun reisst mir die Geduld. Ich schlage die Türe des Kinderzimmers zu, gehe durch den Gang und mache auch noch die Wohnzimmertüre mit einem Knall zu. Wenigstens wirkt das Gebrüll jetzt etwas gedämpfter!

Ich setze mich wieder zu meinem Besuch, der konsterniert dasitzt. Und ich sage entschuldigend: „Heutzutage gehorchen die Kinder überhaupt nicht mehr! Was soll man denn da machen?" – So oder so: Diese Mutter fühlt sich als Verliererin.

Theorie:
Mit spitzen Ohren habe ich natürlich gehört: „Und immer wenn Besuch da ist, dann ist es am schlimmsten!"

Der Besuch ist für die Kinder ein Eindringling, eine Konkurrenz. Die beiden streitenden Kinder sind sich darin einig: Als Strafe für den blöden Besuch, ärgern wir gemeinsam die Mutter. Streiten erweist sich da als äusserst wirksam. Und Mama kommt ihnen durch ihre Reaktion sehr entgegen. Sie hat z. B. gesagt: „Jetzt seid doch endlich still!" Oder: „Jetzt geht ihr aber augenblicklich raus!" Oder: „Dann spielst du eben etwas anderes." – Alle diese Befehle reizen förmlich zum Weiterstreiten, und man kann auf solche Befehle so schön mit „Nein" reagieren.

Auch der Versuch den Streit zu schlichten, muss erfolglos bleiben, denn nur solange diese Schlichtung nicht gelingt, beschäftigt sich die Mutter mit den Kindern!

So zielt alles darauf hinaus: Mama soll sich nicht mit dem blöden Besuch, sondern mit uns befassen. Und prompt erweist sich die kindliche Strategie als wirksam: Die Mama lässt den Besuch sitzen und beschäftigt sich mit ihren Kindern. Die Kinder denken: Ein schönes Gefühl, ein so gutes System zu haben.

Hier die Geschichte ein zweites Mal:
Die beiden Kinder stürmen wieder ins Wohnzimmer. Die Mutter fängt diese ab und sagt mit fester Stimme:

„Hört mal! Jetzt bin ich in einer Notlage, in einer ganz verzwickten Situation: Einerseits dürft ihr streiten und laut sein, ich will mich da nicht einmischen, und ich werde auch nicht Schiedsrichterin spielen. Andererseits habe ich jetzt Besuch und kann mich so nicht mehr mit ihm unterhalten. – Was können wir tun, dass ihr streiten könnt und ich mit dem Besuch reden kann?"

Die Kinder werden mit den Achseln zucken und weglaufen wollen. Die Mutter verwehrt ihnen dies und sagt noch einmal energisch und bestimmt: „Ihr macht jetzt den ersten Vorschlag, und dann sage ich auch etwas." Sofern die Kinder diese Redensart gewöhnt sind, werden sie jetzt irgend etwas sagen. Ist es für die Kinder neu, werden sie sich wortlos zurückziehen. Auf jeden Fall ist jetzt Ruhe!

So einfach soll das sein? – Es ist so einfach!
Wenn Sie diese Sequenzen lesen, werden Sie nun vielleicht denken: Das geht aber zu weit! Man muss doch das jüngere Kind (in unserem Fall Vanessa) vor dem grossen starken Bruder (in unserem Fall Manuel) schützen! – Man muss nicht, denn dieser jüngere „Teil" ist auch immer am Streit beteiligt und gar nicht so hilflos, wie wir oft meinen.

Wie eine ähnliche Situation anders ablaufen kann, konnte ich einmal mit eigenen Augen mit ansehen. Das ging so: Die Mutter und ich stehen im Kinderzimmer und reden.

Die vierjährige Eveline und der siebenjährige Andreas spielen, jedes Kind für sich in einer Zimmerecke. Plötzlich steht Eveline auf, rennt zu Andreas hinüber und haut ihm eins auf den Kopf. Natürlich schlägt Andreas zurück. Die Kleine sucht bei ihrer Mutter Schutz. Wir stehen dabei und sagen beide keinen Ton. Fünf Minuten Ruhe. Beide spielen wieder. Doch schon geht das Gezanke wieder los. Wir unterbrechen unser Gespräch und hören uns die Sticheleien wortlos an.

Sobald es der Kleinen zu bunt wird, sucht sie wieder Mamis Schutz. Andreas steht in Lauerstellung davor. Da sagt die Mutter: „Seht ihr, so entsteht ein Krieg (die Eltern haben schon oft mit ihnen über den Krieg in Jugoslawien geredet): Der eine boxt den andern (die Mutter demonstriert das mit einem leichten Stoss gegen Andreas Brust). Der andere tritt zurück (sie tritt symbolisch an Evelines Schienbein). Dann holen beide grosse Stecken und schlagen aufeinander ein (mit wilden Armbewegungen, die Kinder machen mit). Dann holen sie sich Gewehre und schiessen aufeinander, dann holen sie Kanonen und machen sich gegenseitig die Häuser kaputt. Das nennt man Krieg!"

Die Kinder stehen konsterniert da.

Dann sagt die Mutter: „Umgekehrt funktioniert es auch: Der eine streichelt den andern am Arm (sie fährt mit dem Handrücken über Evelines Oberarm). Dann streichelt der andere diesem über den Rücken (sie macht es bei Andreas). Und dann..." Sie kommt nicht mehr weiter, denn schon umarmen sich die beiden Kinder und lachen herzlich, und wir können in Ruhe unser Gespräch zu Ende führen.

Während des ganzen Gesprächs ist kein Vorwurf gefallen, keine nervöse Schimpferei. Im Gegenteil: Die Kinder haben eine grosse Lebensweisheit spielend kennengelernt: Von Bösem kommt Böses, von Gutem kommt Gutes. Oder: Setze ich einen Kaktus, wächst eben ein Kaktus. Will ich Rosen, setze ich Rosen. Will ich Ruhe, bleibe ich ruhig. Will ich freundliche Kinder, bin ich freundlich zu ihnen.

> Welchen positiven Sinn könnte das sinnlose Gezanke der Kinder haben? –
> Es ist ihre einzige Möglichkeit, positiven Umgang mit Schwierigkeiten zu üben.
>
> wapa

Den Teufel mit dem Beelzebub austreiben

Ein Vater und Kursteilnehmer ist beeindruckt von „Erziehung ohne Machtanwendung". – In seiner Begeisterung berichtet er: „Meine beiden Söhne, fünf- und sechsjährig zankten sich wieder einmal, dass die Fetzen flogen. Da bin ich ins Kinderzimmer gerannt und habe beiden so richtig und ausgiebig den Hosenboden versohlt. Dann habe ich sie wieder auf die Beine gestellt und gerufen: „So jetzt habt ihr es hoffentlich gespürt, dass Gewaltanwendung keine Lösung ist!"

6. Streicheleinheiten – oder es braucht so wenig

Der folgende Bericht stammt von einer Familie, die ich gut kenne und bei der ich miterleben konnte, wie sich das Verhältnis von Kind zu Eltern entwickelt hat. Der Bericht dieser Mutter ist so treffend verfasst, dass ich ihn unverkürzt wiedergebe.

Die Mutter Ursula schreibt mir folgendes: „Der viereinhalbjährige Patrick und seine dreijährige Schwester Melanie streiten sich ab und zu. Das dürfen sie, und ich halte mich da tapfer raus. Doch in letzter Zeit geschieht es immer öfters, dass Patrick ohne erkennbaren Grund, ohne vorhergehenden Streit plötzlich auf Melanie einschlägt und zwar so heftig, dass ich irgendwie einschreiten muss. Aber wie? Dass Schimpfen und Strafen nichts nützen würde, war mir bereits klar. Denn man kann „den Teufel nicht mit dem Beelzebub" austreiben.

Ich versuche es zunächst mit sachlichen Erklärungen: „Patrick, du bist jetzt schon sehr gross und stark, und darum tut es Melanie sehr weh. Und weisst du, ins Gesicht schlagen, das tut man nicht!"

Weil auch das nichts nützt, komme ich schliesslich doch „in des Teufels Küche": Ich beginne zu schimpfen. Und gelegentlich steigere ich mich selber in eine grosse Wut hinein. Dann werde ich sogar ausfällig. Nach dem Schimpfen hängt dann jeweils ein dunkle Wolke über uns allen.

Interessanterweise ist nicht nur Patrick über mich verärgert und widerborstig, sondern auch Melanie wird dann unausstehlich. Sie spielt auch nicht mehr und ist schlecht gelaunt und gelangweilt. Was kann ich in solchen Situationen tun?

Ich sehe als letzte Möglichkeit, es doch einmal mit der *Verstehenden Grundhaltung* zu versuchen. Bei der nächsten Gelegenheit sage ich zu Patrick: „Weisst du Patrick, für mich ist das jetzt ganz schwierig: Einerseits will ich nicht ständig mit dir schimpfen. Ich habe dich doch gern. Andererseits kann ich einfach nicht mit ansehen, wie du Melanie schlägst. – Was können wir beide machen, dass du deine Wut los wirst und es Melanie nicht weh tut? Was können wir tun, damit wir uns alle wohl fühlen?"

Patrick sagt keinen Ton mehr. Ich denke schon, Patrick versteht vermutlich gar nicht, was ich ihm sagen will. Deshalb sage ich auch nichts mehr. Doch bereits am nächsten Tag kommt die nächste Attacke gegen Melanie. Ich bin verärgert und weiss nicht, was ich machen soll. Ich frage Patrick, ob er sich in der Zwischenzeit überlegt habe, was wir jeweils machen könnten, wenn er wieder das Gefühl hat, er müsse zuschlagen? Da stellt er sich trotzig vor mich hin, Tränen in den Augen, stampft mit dem Fuss auf den Boden und sagt mit aggressiver Stimme: „Dann musst du mich streicheln!" Diese Antwort habe ich nicht erwartet!

Plötzlich fällt es mir wie Schuppen von den Augen: Logisch, irgend etwas bringt ihn dazu, Melanie zu schlagen. Mit Macht kann ich da bestimmt keine Abhilfe schaffen. Ich muss zuerst seine Bedürfnisse erfassen: Er fühlt sich also zu wenig gestreichelt, irgendwie zu wenig geliebt, und vielleicht ist er jetzt auf Melanie eifersüchtig. So sage ich: „Ja, du hast recht! Also komm zu mir, ich streichle dich!" Patricks Gesichtsausdruck entspannt sich. Er ist zuerst überrascht, dann lächelt er verlegen und kommt zu mir. Melanie, die bis jetzt auf meinem Schoss geschrien hatte, hört schlagartig auf und schaut zu, was sich da abspielt. Und als ich Patrick streichle, beginnt sie zu lächeln. Nach kurzer Zeit hat Patrick genug Streicheleinheiten erhalten und will mit Melanie weiterspielen. Und siehe da, Melanie spielt ohne zu zögern wieder mit. Patrick ist weder mit mir noch mit Melanie böse, er benimmt sich auch nicht gehemmt. Für ihn ist klar, dass mit dem Streicheln alles verziehen und vergessen ist.

Natürlich liess der nächste Angriff nicht lange auf sich warten. Mein Mann war zu Hause. Er sagte zu Patrick: „Was hast du denn mit Mami abgemacht, was wir machen sollen, wenn du wieder nicht anders kannst und losschlagen musst?" – Patrick erklärte ohne Umschweife: „Dann musst du mich streicheln". – Da sagte mein Mann: „Also komm her, ich streichle dich." – Melanie, die auf Vaters Schoss Trost gesucht hatte, hörte sofort auf zu weinen und sagte noch unter ein paar Schluchzern: „Du musst mich auch streicheln!" – Da streichelte und umarmte mein Mann beide Kinder und beide Kinder umarmten ihn und umarmten einander. Es war eine einzige Schmuserei. Dann spielten die Kinder weiter, als ob nichts gewesen wäre. Dieses Schmuse-Ritual dauerte ungefähr zwei bis drei Wochen. Dann waren die plötzlichen Anfälle von Patrick für immer vorbei.

Als ich noch im Teufelskreis des Schimpfens war, war ich wütend, weil Patrick Melanie schon wieder schlug und weil ich wieder nicht wusste, was ich jetzt machen sollte. Auch war ich verletzt, weil ja mein Schimpfen vom letzten Mal nicht genug Eindruck gemacht hatte. Ich musste also jedes

Mal noch lauter schimpfen, damit Patrick mich endlich einmal ernst nimmt.

Jetzt fühle ich von dieser Unsicherheit nichts mehr. Natürlich streiten die Kinder auch jetzt noch gelegentlich. Das ist auch gut so. Nur mit dem Unterschied: Wenn es ihnen zu weit geht, lassen sie von selber voneinander ab und rennen zu mir. Vor allem weiss ich jetzt, was ich machen kann, was Patrick von mir erwartet und was auch Melanie von mir will, wenn sie weinend zu mir rennt: Beide erwarten das gleiche und eigentlich wenig: Sie möchten gestreichelt werden. Beide möchten Zuwendung!"

Theorie:
Warum haben Eltern so grosse Mühe, sich so zu verhalten, wie es die Mutter am Ende dieser Geschichte getan hat? – Sie haben Angst, die Kinder könnten ihre Gutmütigkeit missbrauchen nach dem Motto: Ich kann ja ruhig schlagen, meine Mami streichelt mich dann sogar. Aus Erfahrung weiss ich: Diese Überlegung machen sich Kinder nicht, denn sie leiden ja selber unter ihrer eigenen Gewalt.

Ein wichtiger Satz des Modells heisst: „Was können wir zwei tun, damit wir uns beide wohl fühlen?"

Die Mutter hatte die Grösse, dem Kind ihre hilflose Situation zu erklären: „Weisst du Patrick, für mich ist das jetzt ganz schwierig. Einerseits will ich doch nicht ... Andererseits kann ich doch nicht ... – Mit dieser Formulierung habe ich die Möglichkeit den vorwurfsvollen Ton zu vermeiden.

Mit Wendungen wie: „... wenn du wieder nicht anders kannst und losschlagen musst?", gestehe ich dem Kind zu, dass es nicht aus Bosheit schlägt, sondern in einem inneren Zwiespalt steht. Nach dem Motto: „Das Gute, das ich will, das tue ich nicht, das Böse aber, das ich nicht will, das tue ich." Solche Wendungen sind dankbare Ansätze, um mit dem Kind in ein aufbauendes Gespräch zu kommen.

> Erzieher und andere Zieher
> Bin ich wirklich ein Erzieher?
> Oder nur ein Korkenzieher?
> Bohre ich als Schraubenzieher?
> Bleibe ich nur ein Verzieher?
> Bin ich wirklich ein Erzieher?
>
> wapa

Im Flur oder in der Küche?

Die fünfjährige Barbara schlendert an zwei bröseligen Keksen kauend durch den Flur. Ihre Mutter energisch: „Schau dir mal den Teppich an! Jetzt aber sofort in die Küche! Wir haben vereinbart: Gegessen wird nur in der Küche, sonst nirgends!" – Barbara: „Aber ich will sehen, wie der Martin (der siebenjährige Bruder) mit seinem ferngesteuerten Auto umherfährt." – Die Mutter: „Du kannst schon zusehen, aber stelle dich bitte dazu in die Küche." – Nach ein paar Minuten sehe ich – ich war zu Besuch da – wie Barbara mit den Keksen in der Hand, im Flur auf dem Bauch liegend, jedoch die Füsse korrekt in der Küche belassend, ihrem Bruder zusieht. Das spitzbübische Lächeln hätte ich knipsen müssen.

> Ich bin ein Weltverbesserer.
> Ich fange in der Familie an.
>
> wapa

7. Der Wellensittich – oder Ei oder Huhn?

Ich bin bei einem älteren alleinstehenden Herrn zum Abendessen eingeladen. Nach dem Essen sagt er: „Ich muss mich für einen Moment entschuldigen, Coco muss ins Bett." Coco ist sein Wellensittich, welcher tagsüber im Wohnzimmer frei umherfliegen kann. Nun erlebe ich eine fast unglaubliche Szenerie: Der Mann nimmt eine alte Wolldecke und wirft sie in Richtung Wellensittich, welcher zuoberst auf der Gardinenstange sitzt. Wildes Geflatter. Das Tier flüchtet in die andere Ecke des Raumes auf den Kachelofen. Hier das gleiche Spiel. Schliesslich fliegt Coco erschöpft auf den Fussboden. Diesmal klappt es mit der Wolldecke. Mit schnellem Griff holt er das flatternde und kreischende Tier unter der Decke hervor und steckt es in den Vogelkäfig.

Als ich mich wieder gefasst habe, sage ich: „Mein Wellensittich geht abends freiwillig in seinen Vogelbauer." – Der Mann: „Nein, das glaube ich nicht, kein Vogel geht freiwillig in einen Käfig!" – Ich: „Mein Wellensittich kommt auf einen bestimmten Pfiff auf meinen Finger und nach einer kleinen Abschiedsschmuserei hüpft er von selber in seinen Vogelbauer. Die Türe lasse ich offen, doch der Vogel bleibt drin, weil er sich dort geborgen fühlt."

Alle meine tierpsychologischen Beweisführungen und meine persönlichen Erfahrungen machten ihm keinen Eindruck. Mein Gastgeber blieb hartnäckig: „Probieren Sie das einmal mit meinem Coco. Es wird Ihnen nie gelingen!" – Nach dieser absolut zwingenden Logik bleibe ich still.

Theorie:
Das Huhn oder das Ei? – Jedes Tier, jeder Mensch, jedes Kind zieht seine Logik aus seinem eigenen Verhaltensmodell und verallgemeinert seine Erfahrungen. In diesem Fall lautet die Frage offensichtlich: Was war zuerst? Das Huhn oder das Ei? – Muss der Herr deshalb täglich diese Prozedur unternehmen, weil kein Vogel freiwillig in einen Käfig geht? Oder geht der Wellensittich deshalb nicht freiwillig, weil die tägliche Prozedur negativ gepolt ist?

Gibt es deshalb jeden Abend das gleiche Lamento, weil kein Kind rechtzeitig ins Bett geht, oder will mein Kind deshalb nicht freiwillig ins Bett, weil die tägliche Zeremonie negativ belegt ist? – Streiten meine beiden Kinder deshalb täglich, weil sich alle Kinder grundsätzlich ohne Korrektur der Eltern schlagen, oder ist für sie Streiten deshalb so interessant, weil sich dann die Eltern mit ihnen beschäftigen müssen?

Man kann Falken, Kohlraben, Brieftauben so abrichten, dass sie freiwillig nach Hause fliegen. Auch Wellensittiche kann man, bei artgerechtem Umgang so gewöhnen, dass man sie in die Freiheit entlassen kann und dass sie danach freiwillig in ihren Vogelbauer zurückkehren. Die Natur stimmt schon: Jedes Tier weiss, wieviel Schlaf es braucht, und auch Kinder sind bereit, freiwillig und ohne allabendliche Unstimmigkeiten ins Bett zu gehen.

Wenn das Einfangen in den Käfig negativ geprägt ist, wird der Wellensittich nicht freiwillig in den Vogelbauer gehen. Wenn Eltern das „Zu–Bett–Gehen" negativ geprägt haben, stemmen sich die Kinder dagegen. Wenn Eltern „Blockflöte spielen" negativ prägen, wird das Kind nur ungern Blockflöte spielen lernen.

Programmieren wir diese Sachen positiv, werden wir die üblichen Schwierigkeiten gar nicht kennen. Negatives Verhalten hat eine unglaublich starke Wirkung. Positives Verhalten ebenso. Die Entscheidung liegt bei uns.

Erziehung oder Erdrückung.
Das ist die Frage.

wapa

Das Gezuruh

Am Schluss des Abendgebets sagt Susi: „Mami, wie sieht denn das Gezuruh aus? Ist das so ähnlich wie ein Känguruh?"

Anmerkung: Gezuruh *kommt von* „Müde bin ich, geh zur Ruh".

8. Wie viele Augen hat der liebe Gott?

Ein glücklicherweise erfundenes Gespräch:
Der sechseinhalbjährige Oliver ist ins Spielen vertieft. Mami ist beim Bügeln. Plötzlich sagt Oliver: „Du Mami, Gott sieht alles, was ich tue oder nicht?" – Mami: „Natürlich sieht er alles. Er ist ja auch Gott!" – Oliver: „Dann sieht er auch alles, was ich falsch mache; stehlen und so." – Mami: „Natürlich, das sieht er alles und hat dann gar keine Freude an dir." – Oliver: „Aber der liebe Gott ist ja immer im Himmel, der weiss doch nicht, wie das bei uns auf der Erde ist." – Mami: „Aber Jesus weiss das. Der war auf der Erde." – Pause. – Oliver: „Dann sagt Jesus dem lieben Gott alles, was ich mache?" – Mami: „Natürlich, was Gott weiss, weiss Jesus, und was Jesus weiss, weiss Gott." – Pause. – Oliver: „Jesus ist ein Böser! Der sagt dem lieben Gott alles, was ich falsch mache." – Mami: „Psst, das darf man nicht sagen von Jesus." – Oliver. „Ich will aber nicht, dass Jesus alles weiss von mir." – Mami: „Dann hat dich der liebe Gott nicht gern!" Oliver steht auf und geht aus dem Zimmer. Es war das erste und letzte Gespräch über dieses Thema. Oliver hat nie mehr eine Bemerkung gemacht.

Und wie das Gespräch glücklicherweise stattgefunden hat:
Der sechseinhalbjährige Oliver ist ins Spielen vertieft. Mami ist beim Bügeln. Plötzlich sagt Oliver: „Du Mami, Gott sieht alles, was ich tue oder nicht?" – Mami: „Ja, das ist eine gute Frage. Ganz genau weiss ich es auch nicht, ob es so ist oder nicht. Was meinst du denn, wie das sein könnte?" – Oliver: „Gott hat eben 1000 Augen! Da kann er überall hinsehen." – Mami: „Dann bist du der Meinung, Gott hat einen Kopf mit 1000 Augen ringsherum?" – Oliver: „Ja – nein." – Pause. – „Das geht ja gar nicht!!! Im Kopf hat man ja nur zwei Augen." – Mami: „Normalerweise ja schon, aber muss das denn bei Gott auch so sein?" – Oliver: „Vielleicht. Die vielen Sterne sind seine 1000 Augen. Das wäre doch möglich?" – Pause. –

„Ja, so ist es!" – Oliver: „Aber kann denn Gott zur gleichen Zeit überall sein?" – Mami: „Diese Frage habe ich mir schon viele Male gestellt, und ich weiss es immer noch nicht." – Oliver: „Wenn ich mit ihm reden könnte, wäre alles ganz einfach. Aber das geht ja nicht! Er ist im Himmel." – Mami: „Wo ist denn der Himmel, in dem der liebe Gott ist?" – Pause. –

Drei Stunden später:
Oliver: „Mami, jetzt weiss ich, wieso Gott überall sein kann, im Himmel *und* auf der Erde! Er ist in meinem Gefühl. Er ist da, wenn ich mich gut fühle, und er ist da, wenn ich mich schlecht fühle. Und so ist er in allen Menschen und in allen Tieren." – Mami: „Ja, so könnte es sein."

Am sichersten verliert man seine Kinder,
wenn man sie behalten will.

wapa

Musik ist, wenn es laut ist

Der Vater arbeitet in seinem Büro am PC. Sein Sohn ist im Zimmer nebenan und probiert seine neue Stereoanlage aus. Er geniesst die geballte Phonstärke.

Da kommt der Vater ins Zimmer gerannt und schreit: „Bist du eigentlich wahnsinnig geworden, das Radio so laut laufen zu lassen!" – Sohn: „Das ist mein Radio, und ich habe es sogar selber bezahlt. Ich habe das Recht, es so laut laufen zu lassen, wie ich will!" – Vater: „Was heisst da, du hast das Recht! Rücksichtslos bist du! Jetzt stell endlich das Ding ab!" – Sohn: „Du bist genau gleich rücksichtslos, wenn du mir befiehlst mein Radio abzustellen!" – Der Vater holt Luft, weiss aber nicht, was er sagen soll. Diesen Moment nützt der Sohn und lässt sich genüsslich in den Ledersessel fallen. Der Vater rennt in die Küche und fängt aus Frust mit seiner Frau einen Streit an.

Was ist abgelaufen?
Der Sohn geniesst ohne viel zu denken Musik. Der Vater wird nervös und kann sich kaum konzentrieren. Er fühlt sich in seiner kitzligen und nervenaufreibenden Arbeit am PC gestört. Deshalb geht er mit einer geharnischten Du-Botschaft auf seinen Sohn los. Und weil Druck Gegendruck erzeugt, schlägt der Sohn im gleichen Ton zurück. Die Spirale gegenseitiger Beschuldigungen beginnt sich zu drehen.

Wie könnte diese Situation anders ablaufen?
Wir beginnen wieder gleich: Der Vater arbeitet in seinem Büro am PC. Sein Sohn ist im Zimmer nebenan und probiert seine neue Stereoanlage aus. Er geniesst die geballte Phonstärke.
Da kommt der Vater ins Zimmer gerannt, hält die Arme in die Höhe und ruft: „Ich höre die Musik so laut, dass ich meine, die Lautsprecher stünden alle unter meinem Schreibtisch. Dabei bin ich bei einer ganz kitzligen Arbeit und zudem noch unter Zeitdruck. Ich kann mich einfach nicht konzentrieren. Ich halte diese Lautstärke nicht aus!"
Wortlos stellt der Sohn den Lautsprecher ab und hört sich seine Musik mit Kopfhörer an.

Auch ein freches Kind liebt dich, lass es zu dir.

wapa

---

9. Der Major – oder Halten und Verlieren

In einem Elternkurs sprechen wir über Pubertätsprobleme. Die Teilnehmer schildern ihre Schwierigkeiten. Eine Frau, die drei bereits erwachsene Kinder hat, schüttelt immer wieder verständnislos den Kopf. Es käme ihr alles so fremd, so unwirklich vor. Einmal sagt sie: „Ich habe mit meinen drei Kindern während der Pubertät nie Schwierigkeiten gehabt. Meine

Kinder waren immer folgsam. Warum sollten sie auch nicht?" Diese Sätze wirken dämpfend auf das bis dahin lebendige Gespräch.

Etwas später sage ich im Kurs beiläufig: „Ich bin sehr froh, dass ich mit meiner Tochter so gut auskomme. Sie interessiert sich sehr für meine Arbeit. Wir reden oft darüber, und sie ist mir dann eine gute, unbestechliche Beraterin." Plötzlich bemerke ich, dass der Teilnehmerin mit den drei erwachsenen Kindern Tränen über die Wangen fliessen. Ich schaue sie mit fragendem Blick an. Da bricht es aus ihr hervor:

„Auf diesen Moment warte ich schon seit Jahren. Meine beiden Söhne sind verheiratet, und beide haben kleine Kinder. Und ich frage meine Söhne immer: „Wie geht es den Kleinen? Was machen sie? Kann ich etwas helfen?" Es kommt dann immer die gleiche monotone Antwort: „Es geht gut." Dann folgt Schweigen. Ich weiss nichts von ihnen, absolut nichts. Sie schweigen beharrlich. Sie machen mir immer ein riesiges Geburtstagsfest. Da wird von allem geredet, nur nicht von der Familie. Auch die Tochter schweigt sich aus. Ich darf einfach nichts wissen von ihrem Freund.

Das Leben ist so ungerecht. Da habe ich mich ein Leben lang für meine Kinder aufgeopfert. Ich war nur für sie da, habe aufgehört zu arbeiten, um immer zu Hause sein zu können. Meine ganze Liebe habe ich ihnen geschenkt. Und jetzt das! Ich habe meine Enkelkinder noch nicht einmal in den Armen halten können. Warum nur sind meine Kinder so undankbar?!?"

Die Gruppe sitzt wie versteinert da, und keiner weiss so recht, wie es jetzt weiter gehen soll.

Theorie:
In welcher Gefühlslage lebt diese Frau?

Weil es ein Wochenendkurs ist, kann ich mit dieser Mutter während der freien Zeit einen Spaziergang machen. Dabei erfahre ich folgendes: Die Kinder haben ihre Mutter nur „Major" genannt. Sie ist in der Familie die unangefochtene Herrscherin gewesen. An irgendein Aufmucken war nie zu denken. Deshalb sind die Kinder brav geblieben. Die Mutter hatte ihre Sprösslinge auch noch „Kinder" genannt, als diese schon lange keine „Kinder" mehr waren. Das Resultat ihres Verhaltens erlebt sie jetzt schmerzlich.

Während des Gespräches sagt sie mehrmals: „Aber ich habe als Grossmutter doch das Recht, die Kinder in die Arme zu nehmen. Ich habe das Recht, mich darum zu kümmern, wie es ihnen geht. Ich bin schliesslich immer noch ihre Mutter und Grossmutter!"

Für diese Frau sind ihre Kinder Besitz. Sie kann nicht loslassen. Folge? Aus der Angst heraus, von der all zu liebenden Umklammerung heimgesucht zu werden, schotten sich die erwachsenen Kinder hermetisch ab. Was für die erwachsenen „Kinder" Selbstschutz ist, deutet die Mutter als Undankbarkeit. Die alte Weisheit hat sich da wieder einmal bewahrheitet:

> Wenn ich behalten will, werde ich verlieren.
> Wenn ich loslassen kann, werde ich erhalten.
> Nur eine geöffnete Hand kann empfangen.
>
> wapa

10. Woher kommt der liebe Gott?

Der sechsjährige Michael spielt am Boden. Seine Mutter liest ein Buch. Plötzlich sagt Michael in die Stille hinein: „Mami, woher kommt eigentlich der liebe Gott?" – Mutter: „Das ist eine interessante Frage. Die kann ich auch nicht beantworten. Ich kann mir nicht vorstellen, dass der liebe Gott schon immer war. Aber ich kann mir auch nicht vorstellen, dass der liebe Gott einmal nicht da war!" – Pause. – Michael spielt, und die Mutter liest weiter. Nach einer halben Stunde sagt Michael: „Jetzt weiss ich, woher der liebe Gott kommt." – Mutter: „Ach ja?" – Michael: „Der liebe Gott hat sich selber gebastelt!"

Theorie:
Ob die Eltern selber fest im Glauben stehen oder mit der Religion Mühe haben, es gilt in allen Fällen: Religiöse Gespräche nur in fragender Grundhaltung zu führen. Erstens regen Problemstellungen viel mehr zum Nachdenken an, als Lösungen, und zweitens bekommt das Kind Übung, über die wichtigsten Fragen des Lebens persönlich entscheiden zu können.

Das kann es im Erwachsenenalter nur, wenn es als Kind Gelegenheit hatte, mit Problemstellungen umzugehen.

> Gott hat Geduld mit dir.
> Deshalb habe ich mich entschlossen, auch Geduld mit dir zu haben.
> Habe du auch Geduld mit dir.
>
> wapa

Abwaschen

Die Mutter sagt nach einem Mittagessen mit fünf Gästen zu ihrer elfjährigen Tochter Sybille: „Du könntest mir auch wieder einmal beim Abwaschen helfen, oder meinst du, es macht mir Spass, nach einem solchen Gelage allein in der Küche zu stehen? Beim Essen warst du ja auch dabei." – Sybille: „Das ist eben deine Arbeit. Der Papi arbeitet im Büro, ich gehe zur Schule, und du machst den Haushalt!"

Der Mutter verschlägt es ob dieser Direktheit fast die Sprache. Sie hat den Mund schon geöffnet, aber dann besinnt sie sich auf den Kurs und sagt: „Jetzt ist der Besuch endlich weg. Die haben ja ganz schön zugegriffen. Es hat ihnen offensichtlich geschmeckt. Aber diese Stapel von gebrauchtem Geschirr da! Jetzt soll ich ganz alleine diesen Berg von Geschirr wegschaffen? Das ist immer der leidige Abschluss von so einem Festgelage." Die Mutter zieht sich ihre Schürze an und beginnt die Bratpfannen zusammen zu stellen.

Wortlos hängt sich auch Sybille die Küchenschürze um und beginnt, die Speisereste von den Tellern zu wischen.

> Ich nütze meine wertvolle Zeit,
> um meinem Mitmenschen *wertfrei* zu begegnen.
>
> wapa

11. Kevin und das Arschloch – oder der Stellenwert der Fäkalwörter?

Als Gast kann ich folgendes mitanhören: Der sechsjährige Kevin steht im Gang vor dem grossen Wandspiegel und flucht halblaut vor sich hin: „Kevin, du bist ein Arschloch, ein Arschloch, ein Arschloch." Er sagt das leise, aber dauernd vor sich hin. Seine Grossmutter zirkuliert zwischen Küche und Wohnzimmer hin und her. Mit einem Ohr schnappt sie dieses Selbstgespräch auf, sagt aber nichts.

Eine Stunde später im Wohnzimmer. Anwesend: Die Eltern, die Grosseltern, die dreijährige Angela, Kevin und ich. Unvermittelt stellt Kevin, für alle hörbar, folgende Frage an seine Mutter: „Mami, darf ich zu mir selber „Arschloch" sagen?" – Knisternde Stille. Wie wird Mami reagieren? Nach kurzem Nachdenken sagt sie: „Wie meinst du das?" – Kevin: „Ich kann doch zu mir selber sagen, was ich will, auch „Arschloch", oder?"

Die Mutter muss wieder nachdenken. Schliesslich sagt sie: „Ob du das für dich selber willst, musst du selbst entscheiden." Damit war das Thema beendet.

Theorie:
Was mag Kevin beschäftigen? Bei dieser Beobachtung in fremdem Haus war es mir nicht möglich, in einem *Gespräch danach* die tieferen Beweggründe zu erkennen. Doch eines ist si-

cher: Kevin war mit sich wegen irgend etwas nicht zufrieden. Glücklicherweise fand er den grossen Spiegel, um seinen Frust loszuwerden, sonst wäre sein Wortschatz über irgend jemand anderen heruntergesprudelt.

Das Wichtigste? Kevin bekam keine Vorwürfe.

> Lass mich sein!
> Sein lassen?
> Ich darf sein!
>
> wapa

Das Gebiss

Das Gebiss der schwerhörigen Grossmutter ist etwas klapprig. Beim Essen gibt es unappetitliche Töne von sich. Sie selber empfindet dies aber nicht. Die Familie berät: „Wie sagen wir dies unserer Grossmutter?"

Der Vater probiert es: „Mutter, solltest du nicht wieder einmal zum Zahnarzt?" – Grossmutter: „Warum? Mein Gebiss ist nicht kaputt." – Mutter: „Aber sollte der Zahnarzt nicht einmal nachsehen, ob es etwas wackelt?" – Grossmutter: „So lange es hält, ist mir das egal." – Vater: „Aber mit einem gutsitzenden Gebiss würdest du dich vielleicht wohler fühlen." – Jetzt platzt der Grossmutter der Kragen: „Was zum Teufel habt ihr denn mit meinem Gebiss! Ich kann mit meinem Gebiss immer noch machen, was ich will!"

Warum die harsche Reaktion der Grossmutter? – Alle obigen Sätze sind Du-Botschaften. Wie hätte es kürzer und weniger peinlich ablaufen können?

Der Vater probiert es noch einmal: „Mutter, seit einiger Zeit hören wir beim Essen dein Gebiss wackeln. Das ist für uns unangenehm." – Grossmutter: „Oh, das will ich aber nicht. Vielleicht sollte ich einmal zum Zahnarzt gehen."

Warum ging das so einfach? Der erste Satz beschreibt die Situation treffend, aber wertfrei. Der zweite Satz ist eine Ich-Bot-

schaft, also ohne Vorwurf. Für die Grossmutter ist dieses kurze Gespräch am wenigsten peinlich, daher die schnelle Wirkung.

> Ich entschliesse mich,
> mit Menschen menschenwürdig umzugehen.
>
> wapa

12. Die Uhr – oder wenn ein Kind stiehlt

Die Versuchung war gross. Felix geht in die erste Klasse. Seine Schwester Claudia in die dritte. Heute morgen jammert sie, ihre lustige farbige Uhr würde immer stehen bleiben. So wisse sie ja gar nicht, wann sie heimkommen müsse. Die Mutter versteht das und leiht ihr ihre eigene, grosse Armbanduhr aus.

Der jüngere Felix sitzt unbemerkt hinter dem Sofa und hört das Gespräch mit. „Oh, das wäre schön", denkt er sich, „wenn Claudia mit einer sooo grossen Armbanduhr in die Schule gehen darf, dann will ich das auch. Da würden alle staunen!"

Das Glück, oder Unglück will es, dass Papas Uhr in der Stube in der Obstschale liegt, denn das Armband muss repariert werden. Die Mutter wollte sie gelegentlich zum Uhrmacher bringen.

Im Kopf von Felix beginnt es zu arbeiten: „Niemand würde es bemerken, wenn er jetzt das Armband mit einem Draht provisorisch reparieren würde. Und heute abend würde er die Uhr wieder genau an den gleichen Ort legen. Niemand würde es merken. Mit dieser Uhr wäre er auch schon so gross wie seine Schwester, und alle würden ihn in der Schule bestaunen. In seinem Kopf dreht sich alles im Kreis herum: Wenn es Papa oder Mama nun doch merken würden? Wenn Mama ausgerechnet heute zum Uhrmacher gehen wollte – was dann?"

Reglos sitzt Felix da und starrt die Uhr an. Dann kommt der Moment. Ein Griff – und die Uhr ist in der Hosentasche. Er flickt das Armband mit einem feinen Draht, und mit Stolz trägt er die Uhr in der Schule. Ist das ein Gefühl!

Doch hinter dem Glück wartet das Unglück. Und es lässt nicht lange auf sich warten: Bei einem kleinen Ringkampf mit einem Schulkameraden löst sich der Draht und die Uhr fliegt im grossen Bogen auf die Steinplatten. Das Glas ist hin! – Schweren Herzens muss Felix zu Hause alles beichten.

Die Mutter ist ausser sich: „Das ist schlimm, das ist ganz schlimm", beginnt sie zu schreien, „wenn man in der eigenen Wohnung nichts mehr liegen lassen kann! Dir ist überhaupt nicht mehr zu trauen! Felix, ich bin enttäuscht von dir!" – Felix beginnt zu heulen und ruft: „Claudia darf mit deiner Uhr in die Schule gehen und ich darf nicht. Das ist gemein!" Felix stösst ein paar Fluchwörter aus und schlägt die Türe hinter sich zu. Er geht hinunter in den Bastelraum und macht den selbstgebastelten Adventskranz seiner Schwester kaputt.

Nichts Gutes ahnend, schleicht sich die Mutter in den Bastelraum. Als sie die Bescherung sieht, bekommt sie einen Weinkrampf. Sie rennt zu ihrem Mann und klagt: „Ohne Grund, einfach so, hat Felix Claudias Adventskranz kaputt gemacht! Was sollen wir nur mit Felix machen? Das ist ja nicht mehr normal, wie sich der Kerl benimmt! Wie soll denn das nur weitergehen?"

Theorie:
Die Mutter versteht die Handlungsweise von Felix nicht. Deshalb wendet sie Druck an. Sie ist überzeugt, dass der Junge anders nicht zur Einsicht kommt!

Für Felix sieht es so aus: Das mit der Uhr ist ihm gründlich schief gegangen. Deshalb hat er eine solche Wut im Bauch, dass er auf irgend etwas losschlagen muss, z. B. auf seine Schwester. Sie konnte mit Mutters Uhr in die Schule gehen und bekam keine Schelte dafür. Deshalb macht er ihr den Adventskranz kaputt! Und er denkt sich: „Das nächste Mal erwischt mich Mama nicht. Dann mache ich es raffinierter!"

Das gleiche Gespräch in *Verstehender Grundhaltung*:
Nachdem sich die Aufregung wieder gelegt hat, entschliesst sich die Mutter am nächsten Tag für ein *Gespräch danach*:

Die Mutter beginnt: „Die Sache mit der Uhr hat uns beide aufgewühlt. Und jetzt sind wir aufeinander böse. Das habe ich nicht gern. Deshalb möchte ich mit dir reden, damit wir beide wieder Frieden haben." – Felix schaut unwillig vor sich hin, aber er bleibt wenigstens sitzen. – Mutter: „Also, da waren zwei Uhren kaputt, die deiner Schwester und die vom Papa." – Felix (noch unwirsch, eine Ausrede suchend): „Aber Claudias Uhr habe ich nicht kaputt gemacht." – Mutter: „Du denkst dir, Claudia leihe ich meine Uhr aus, und du hast keine. Das ist nicht richtig." – Felix: „Ja, genau, so ist es immer, weil ich der kleinere bin!" – Mutter (fast hätte sie sich verteidigt, aber sie sagt): „Und dass Vaters Uhr so einfach in einer Früchteschale herumliegt, ist auch nicht dein Fehler." – Felix: „Ich habe sie nicht gestohlen. Ich hätte sie am Abend wieder zurückgelegt." (Er verteidigt sich.) – Mutter: „Du wolltest in der Schule genauso gut dastehen wie Claudia." – Felix: „Ja, genau!" – Mutter: „Wenn deine Schwester eine Uhr von den Eltern tragen darf, dann darfst du das auch." – Felix: „Ja, genau." – Mutter: „Du hast bestimmt lange vor der Uhr gesessen und hast dir gedacht: Einerseits willst du ehrlich und aufrichtig sein und nichts machen, was du vor den Eltern verstecken musst. Andererseits war dein Wunsch, mit Papas Uhr zur Schule zu gehen, sehr gross, und es hätte ja niemand etwas gemerkt, wenn der dumme Ringkampf nicht gewesen wäre."

Felix dreht nervös sein Playmobil-Männchen in den Händen und hebt leicht die Schultern. – Mutter: „Und dann hörst du plötzlich wieder die Stimme des dunklen Mannes (der dunkle Mann ist eine Erfindung von Felix selber): „Es ist doch nicht schlimm: Einmal ist keinmal! Einmal in der Schule der Grosse sein. Das darf ich doch auch mal, oder?" Und plötzlich war die Uhr im Hosensack!" – Felix: „Aber ich habe sie auch repariert. Das ist doch etwas Gutes?" – Mutter: „Du meinst, du bist nicht einfach ein schlechter Junge, aber man redet immer nur von deinen schlechten Streichen. Nie vom Guten." – Felix: „Ja, ganz genau! (Er ist dem Heulen nahe.) Immer bin ich der Böse!" – Mutter: „Und als dann die Uhr kaputt war, wurde dir beinahe schlecht. Was solltest du jetzt bloss machen? Vielleicht schnell zum Uhrmacher rennen. Aber der ist zu weit weg und Geld hast du auch nicht. Einfach nicht mehr heim gehen? Das geht auch nicht! Jetzt sollte man an irgendeinem Rad die Zeit zurückdrehen können, und dann wäre alles gar nicht geschehen." – Felix kann ein leichtes Lächeln nicht verbergen. – Mutter: „Und dann heimgehen und alles beichten – das ist schwer! Du hast dir beim Heimgehen immer vorgestellt, wie ich wütend würde und wie ich mit dir schimpfen würde." – Felix möchte jetzt gerne sagen: „Ja, ganz genau", doch irgendwie geht das nicht. Aber sein Gesicht wird schon freundlicher. – Mutter: „Und weil alles so eingetroffen ist, wie du es befürchtet hast, bist du so wütend geworden, dass du aus dem Zimmer gerannt bist und irgend etwas anstellen musstest in deiner Wut. Und dann hast du den Adventskranz kaputt gemacht." – Felix fängt sich wieder: „Was hätte ich denn machen sollen? Brav sitzen bleiben und dir noch lange zuhören?" – Mutter: „Ja, das wäre auch nicht gut gewesen. Wir waren halt beide wütend aufeinander." – Felix sieht seine Mutter belustigt an, denn so etwas hat er von ihr noch nie gehört. – Mutter: „Was könnten wir nur machen, damit wir beide das nächste Mal nicht mehr so ausflippen?"- Längere Pause. – Mutter: „Wir schreiben unsere Ideen in ein Heft, in das nur du und ich hineinsehen dürfen. Und in einer Woche reden wir wieder darüber. Wir werden doch da gemeinsam etwas herausfinden!?!"

Beide stehen auf und die Mutter sucht ein leeres Schulheft.

Der grösste Reichtum – reich an Weisheit.
Der sicherste Reichtum – reich an Bedürfnislosigkeit.
Der schönste Reichtum – reich an Verstehen.

wapa

13. An der Aufgabe wachsen

„Sven war seit der Geburt ein eigenwilliges Kind. Bereits nach einer Woche seines jungen Lebens bekam er Koliken. Damit begann der Teufelskreis. Sven schrie Tag und Nacht. Ob ich ihn auf den Arm nahm oder ins Bett legte, er schrie und schrie. Ich kam nicht mehr zum Schlafen. Ich fühlte mich morgens wie gerädert, angebunden und meiner Freiheit beraubt. Ich konnte nicht mehr lachen. Ich hatte keine Lust mehr am Leben. Dabei wollte ich doch eine gute Mutter sein, die bereit ist, alles zu ertragen. Aber dieses stundenlange Geschrei! Das ging über meine Kräfte! Meine Gedanken drehten sich nur noch um eines: Weshalb muss ausgerechnet ich ein solches Kind haben? Ich haderte mit meinem Schicksal. Ich konnte dieses Kind einfach nicht lieben.

Eines Morgens geschah es dann. Mein Sohn schrie bereits seit drei Stunden, und ich fühlte mich absolut hilflos. Ich konnte ihn mit nichts beruhigen. In meiner Verzweiflung schüttelte ich dieses erst 11 Monate alte Kind so heftig und setzte es so unsanft auf unsere Polstergruppe, dass ich Angst haben musste, es könnte sich verletzt haben. Ich konnte einfach nicht mehr! Als mir bewusst wurde, was ich getan hatte, fühlte ich mich so schuldig, dass ich nur noch weinen konnte. Ich brauchte unbedingt Hilfe!

So entschloss ich mich, einen PACHER-Kurs zu besuchen. Als im Kurs das Thema Schuld behandelt wurde, kam dieses schreckliche Schuldgefühl bei mir wieder hoch. Das war eine schlimme Zeit. Doch ich arbeitete positiv an meinen Schuldgefühlen gegenüber meinem Sohn.

Eines Tages war ich so weit. Sven war inzwischen vier Jahre alt. Ich entschloss mich, ihm meine Vergangenheit zu erzählen, und ich bat ihn um Verzeihung. Er sagte nichts darauf. Und so bestand zwischen uns beiden über einige Wochen lang eine unheimliche Spannung.

Ich versuchte immer wieder, das Gelernte aus den PACHER-Kursen anzuwenden. Ich versuchte mit der sogenannten *Verstehenden Grundhaltung* das Urvertrauen bei meinem

Sohn wiederherzustellen. Die Veränderung erfolgte ganz langsam und fast unmerklich. Trotzdem merkte ich, wie sich unsere Beziehung besserte. Früher sagte mein Sohn öfters: „Ich hasse dich! Geh weg, ich will dich nicht mehr sehen!" Das tat mir schrecklich weh. Eines Tages sagte Sven plötzlich: „Mami, ich habe dich so gern!" Darauf entschloss ich mich, einmal mit meinem Sohn ganz allein auswärts essen zu gehen.

Wir sassen in einem Restaurant und redeten ganz gemütlich über dies und das. Plötzlich sagte Sven: „Weisst du das noch, wie du mich als Baby so geschüttelt hast und mich auf das Sofa geworfen hast?" Darauf ich: „Wie könnte ich das je vergessen!" Da antwortete er mir mit einer Selbstverständlichkeit, die mich verblüffte: „Mami, ich habe dir vergeben. Ich weiss jetzt, du konntest nicht anders." Das war der glücklichste Tag seit der Geburt meines Sohnes. Sven hat mir vergeben!" (Ich kenne die Familie sehr gut, und die Mutter hat mir jeweils die Fortsetzung der Geschichte erzählt.)

„Von dieser Stunde an war alles anders. Jetzt konnte auch ich mir vergeben. Wir beschuldigten uns nicht mehr gegenseitig. Unsere Beziehung wurde herzlicher. Heute können wir unsere Konflikte in einer vernünftigen Art besprechen und lösen. Das hätte ich nie für möglich gehalten.

Ich bin froh, dass ich Sven habe. An ihm wachse und gewinne ich. Durch ihn habe ich begonnen, mich mit Psychologie zu beschäftigen. Dadurch erweitert sich mein Horizont. Das Leben ist interessanter und schöner geworden.

Heute habe ich einen Jungen, an dem ich Freude habe. Und wenn er zu mir kommt, sich anschmiegt und sagt: „Mami, ich habe dich einfach gern", dann ist alles Schlimme vergessen."

Theorie:
Früher hatte diese Mutter die Weltsicht: Wenn Sven so unausstehlich ist, dann muss ich ihn irgendwie in die Knie zwingen. Gegen sein Geschrei kann man nur mit Härte vorgehen. Ich werde ihn so lange strafen, bis er das einsieht. Obwohl die Mutter mit dieser Art wenig Erfolg hatte, blieb sie bei dieser Methode; natürlich nur in Ermangelung einer besseren Idee.

Doch plötzlich, keiner weiss genau wann, hat sie ihre Lebenseinstellung, ihre Weltsicht, ihre Perspektive um 180 Grad gewendet. Aus ihrem heutigen Blickwinkel heraus sieht sie alles anders. Ihr ist klar: Sven ist ein eigenständiges Individuum mit Recht auf sein eigenes Schicksal. Wenn Sven sich ungehörig benimmt, dann hat er ein Problem, dann ist er in einer Notlage. Und einem notleidenden Menschen noch Vorwürfe zu machen, ist nicht gerade sehr sinnvoll. Diese Mutter hat es bitter erlebt: Negatives Verhalten hat eine unglaublich negative Wirkung. Sie konnte aber auch erleben: Positives Verhalten hat eine noch stärkere Wirkung. Diese positive Einstellung ihrem Sohn gegenüber machte es Sven möglich, aus seinem Loch herauszukommen.

Sehr sinnvoll war die Idee, mit Sven auswärts essen zu gehen. Denn erstens fühlte sich Sven von seiner Mutter wichtig und ernst genommen: Zwei gleichwertige Menschen essen gemeinsam. – Zweitens: Ohne Programm, ohne Zeitdruck, vor allen Dingen das vorwurfslose „Aktive Zuhören" der Mutter hat Sven die „Zunge gelöst". So wurde es ihm möglich, sich zu öffnen.

Über Kinder kann man sich ständig ärgern,
aber man ist nicht dazu verpflichtet.

wapa

---

14. Die Schlange und das Mittagessen – oder warum Kinder immer am dümmsten Ort stehen

Die Mutter ist nervös. Heute kommt Besuch zum Mittagessen, fünf Personen! Da kommt die siebenjährige Jessica ganz aufgeregt aus der Schule nach Hause: „Mama, Mama, ich muss dir etwas erzählen. Unser Lehrer hat heute eine Schlange in die Schule mitgebracht, eine lebendige Schlage! Fünf Meter lang!" – Die Mutter kurvt gerade mit einer grossen heissen Schale Käseauflauf um Jessica herum, den Arm mit dem kostbaren Gut möglichst hoch haltend. Mit äusserster Konzentration landet der Auflauf gerade noch unbeschadet auf dem Tisch. Beim Zurückrasen in die Küche steht Jessica immer noch am Türpfosten und wiederholt: „Mama, der Lehrer hat ..." – Die Mutter fährt dazwischen: „Kind, du stehst am dümmsten Ort der ganzen Wohnung! Du sägst an meinen Nerven! Stell dich bitte vier Schritte um die Ecke herum. Dort kannst du stehen." Und kopfschüttelnd sagt sie zu sich selber: „Dass die Kinder auch immer am dümmsten Ort stehen müssen! Das ist mir unbegreiflich! Einfach nicht zu fassen!"

Theorie:
Als Jessica drei Schritte neben der Türe stand, hörte die Mutter nichts, gar nichts. Jessica hätte dreimal so laut erzählen können, die Mutter hätte es nicht wahrgenommen. Denn so, wie Jessica nur die Schlange im Kopf hat, genau so denkt die Mutter nur ans Essen. Eigentlich hat Jessica die Situation haarscharf erfasst. Sie stellt sich an den strategisch einzig richtigen Ort: Unter den Türrahmen. Und siehe, die Mutter reagiert. Zwar nicht positiv, aber immerhin, sie redet mit Jessica. Aber anstatt sich darüber zu freuen, eine solch mitteilsame Tochter zu haben, ärgert sich die Mutter und verhindert dadurch gerade das, was sie so dringend braucht: Keine Störung beim Kochen!

Was würde in einem solchen Fall schnelle Abhilfe schaffen? Ein Kind lenkt ein, wenn es sich verstanden fühlt: Eine Schlange in der Schule. Das ist eine aufregende Sache!
  Ein Kind wird änderungsbereit, wenn es die Notlage der Mutter begreift. Deshalb wird die Mutter ihr Problem formulieren: Einerseits interessiert mich deine Geschichte von der Schlange; andererseits bin ich nervös wegen des Essens. Jetzt kann das Kind nachempfinden, wie der Mutter zumute ist. Der Aufwand für dieses kurze Aktive Zuhören und die ebenso kurze Ich-Botschaft beträgt keine Minute, dafür hat die Mutter danach ihre Ruhe.

Ein Kind wird kooperativ, wenn man es darum bittet, bei der Lösung mitzuhelfen. Die Kinder wünschen sich konsequente Eltern. Jessica schätzt es, dass die Mutter fest bleibt, aber nicht schimpft. So kann sich Jessica nach einer klaren Situation richten.

Wie könnten wir die oben beschriebenen Erkenntnisse in ein Gespräch einbauen? – Beginnen wir mit den gleichen Sätzen:

Die siebenjährige Jessica kommt ganz aufgeregt aus der Schule heim: „Mama, Mama, ich muss dir etwas erzählen. Unser Lehrer hat heute eine Schlange in die Schule ..." – Die Mutter unterbricht Jessica und kniet sich zu ihr nieder: „Hör mal Jessica, ich bin jetzt blöd dran, ganz blöd. Das ist ja äusserst spannend, deine Geschichte von der Schlange! Ich will das wissen! Aber in zehn Minuten kommt der Besuch! Was soll ich nur machen? Die Hetzerei macht mich ganz nervös, ganz kribbelig! Stell dir vor, Jessica, wenn beide Zeiger auf der zwölf sind, kommt der Besuch! Bitte Jessica, überleg dir etwas, dass ich mit dem Mittagessen fertig werde und ich auch weiss, was mit der Schlange los ist. Und jetzt gehe ich weiterkochen, und bis zum Mittagessen lasse ich mich nicht stören!"

Was geschieht? Oh Wunder! Ohne Pause antwortet Jessica: „Gut, ich male jetzt eine Schlange und lege die Zeichnung in deinen Teller, damit du mir dann zuhörst."

Ich kann mein Kind nicht ändern. Ich kann nur mein Verhalten ändern.

wapa

---

15. Der Krach im Autofond – oder Humor ist, wenn man über der Sache steht

Die Familie fährt an einem schönen Nachmittag in die Stadt in den Zoo. Die beiden Kinder, die sechsjährige Rahel und der

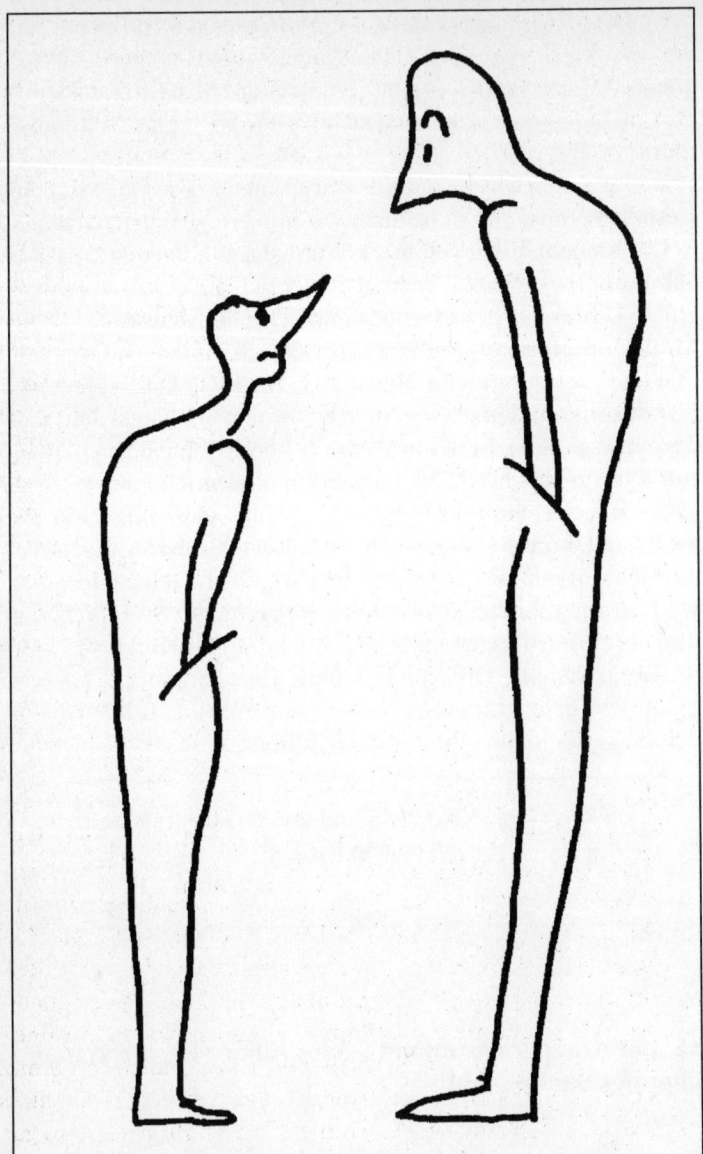

siebenjährige Benjamin haben es sich gewünscht. Zuerst muss eine längere Autofahrt zurückgelegt werden. Sie fahren auf der Autobahn mit zirka 120 km/h. Die Kinder sind schon seit einiger Zeit unruhig, sie streiten und stossen einander. Benjamin beginnt den autolenkenden Papi von hinten her an den Haaren zu ziehen. Der schreit: „Hör sofort auf, sonst kracht's!" – Benjamin hört auf, findet aber am handgestrickten Pullover von Papi eine offene Masche mit einem langen Faden. Benjamin beginnt daran zu ziehen. Die Mutter ruft entsetzt: „Lass das, du machst ja den Pullover kaputt!" – Benjamin zieht zwar nicht mehr am Faden, behält ihn aber in der Hand. Da schubst ihn Rahel. Benjamin kippt um und zieht den Faden der Länge nach mit. Die Mutter stösst einen Schrei aus und gibt Rahel einen Klaps. Diese schreit fürchterlich. Die Mutter jammert: „Geht's dir noch gut? Ein halbes Jahr lang habe ich an diesem Pullover gestrickt!" – Benjamin verteidigt sich: „Also ich kann nichts dafür! Rahel hat mich gestossen!" – Rahel: „Das war nicht ich! Papi ist zu schnell in die Kurve gefahren!" – Allgemeines Gezeter! – Papi: „Wenn ihr nicht sofort aufhört, fahren wir wieder nach Hause! Dann wird nichts aus diesem Zoobesuch!"

Es wird etwas stiller. Doch schon nach zehn Minuten geht es wieder los. Der Vater sagt, diesmal schon gereizter: „Aber jetzt wird es ernst! Ich sage es nicht noch einmal!" – Zuerst Ruhe, dann leises Gewimmer.

Beim Zoo steigen die vier aus. Benjamin stösst Rahel, diese schlägt zurück. Auch vor der Kasse geht das Gerangel weiter. – Der Vater: „Ich habe euch gesagt, dass ich es kein weiteres Mal mehr sage! Dann wird absolut definitiv nichts mit dem Zoo. Verstanden?" – Die Kinder sind wieder ruhiger, aber sie schlenkern aufreizend mit den Beinen herum. Endlich sind sie an der Kasse vorbei und im Zoo. Beim ersten Eisverkäufer jammert Rahel: „Ich will ein Eis, ich will ein Eis!" – Benjamin stimmt mit ein: „Dann will ich auch eines!" – Die Mutter: „Nein, nicht schon jetzt!" – Beide Kinder jammern. – Die Mutter: „Also gut, aber danach schaut ihr euch den Film über die Tiefseefische an und kommt nicht schon wieder nach zehn Minuten, damit der

Papi und ich wenigstens einmal in Ruhe einen Kaffee trinken können. Ihr seid einfach eine undankbare Bande!"

Theorie:
Was ist hier abgelaufen?
Die Eltern haben das Gefühl, den Kindern ausgeliefert zu sein. Sie haben das Gefühl von Undankbarkeit.

Das Schimpfen der Eltern ist der Sieg der Kinder. Sie haben es wieder einmal geschafft, den Fünfer und das Brötchen, das Gerangel und den Zoo zu haben. Ihr Motto heisst: Eltern müssen sich mit uns beschäftigen, wenn nicht positiv, dann eben negativ. Die Kinder haben von ihrem Standpunkt aus recht.

Den Kindern ist es im Auto langweilig, da bietet sich ein ausgiebiges Gerangel förmlich an. Dieses Spiel ist um so interessanter, als man die (In)Konsequenz der Eltern testen kann. Und siehe da, der Vater droht mehrere Male. Das erste Mal: „Wenn ihr nicht sofort aufhört, fahren wir wieder heim!" Dann: „Ich sag es nicht noch einmal!" Zuletzt: „Ich habe euch gesagt, dass ich es kein weiteres Mal mehr sage!"

Die Kinder wussten aus Erfahrung: Es ist alles nicht so gefährlich wie es tönt. – Und prompt: Man ging nicht nur in den Zoo, sondern es gab sogar noch ein Eis und vieles mehr. Die Kinder sind die Sieger!

Theorie:
Ohne Autorität ist Erziehung unmöglich: Ja, Kinder wünschen konsequente Eltern! Die Gefahr des Macht-Missbrauchs ist gebannt, wenn die Eltern ihre Machtanwendung als Notsituation begründen und wenn ein *Gespräch danach* folgt.

Die Kinder werden umgänglicher, wenn man sie ernst nimmt und sie bei der Lösungssuche miteinbezieht. Dazu gehört auch eine kindergerechte Sprache. Wenn Eltern hochabstrakte Gespräche führen oder ständig befehlen und verbieten, fühlen sich die Kinder auf dem Rücksitz wie gut gehaltene Schäferhunde. – Es gilt, mit den Kindern etwas Gemeinsames zu machen, zu spielen, sich zu unterhalten, zu singen, etc.

Vieles ginge leichter und einfacher, wenn wir das Verhalten der Kinder nicht so tierisch ernst nehmen würden. Für die Kinder ist ihr Gerangel Spiel. Sie können sich erstaunlich schnell wieder versöhnen.

Welche positive Wendung hätte die Autofahrt mit etwas Humor nehmen können?
Wir wiederholen kurz: Allgemeines Gerangel im Auto. Benjamin hat immer noch den Wollfaden in der Hand. – Die Mutter sagt. „Hier hört der Spass auf. Lass den Wollfaden los!" – Und der Vater doppelt nach: „So kann ich nicht Auto fahren!"

Bei der nächsten Ausfahrt verlässt er die Autobahn und hält an einem ruhigen Plätzchen. Er steigt aus und setzt sich wortlos auf eine Bank. Die andern bleiben zunächst im Auto sitzen. Schliesslich kommt Rahel heraus und fragt ihren Papi: „Was ist denn los? Fahren wir nicht in den Zoo?" – Da sagt der Vater: „Mir ist der Zoo verleidet! Ich habe keine Lust mehr. Nicht einmal Auto fahren will ich jetzt. Von dem Krach im Auto habe ich einen Kopf wie ein Bienenhaus. Ich ruhe mich jetzt ein wenig aus, und dann fahre ich wieder heim!"

Die Kinder wissen nicht, ob sie lachen oder weinen sollen. Der Vater und die Mutter bleiben regungslos sitzen. Benjamin: „Mir ist es langweilig!" – Die Mutter: „Wenigstens ist es jetzt angenehm still!" – Der Vater lenkt langsam ein: „Was könnten wir machen, damit ich in Ruhe Auto fahren kann und dass es euch nicht langweilig wird?" – Schweigen. Der Vater mit festem Ton: „Echt, ich meine es ernst: Was könnten wir machen, damit ich in Ruhe Auto fahren kann, und dass es euch nicht langweilig wird?"

Mutter hat im Kurs gelernt, dass man ein Brainstorming lustig beginnen sollte. Sie sagt: „Wir machen jetzt alle einen Handstand und schauen, wieviel Geld aus den Taschen fällt." Alle lachen: „Mami und einen Handstand! Ha, ha, ha!" Das Eis ist gebrochen. – Rahel doppelt nach: „Wir erzählen uns Geistergeschichten." – Und Benjamin meint: „Wir schreiben alle Nummern der Autos auf, die uns überholen und schauen, aus welchem Land sie kommen." – Die Mutter: „Wir machen ein Fragespiel." – Die Kinder: „Oh ja, das machen wir!" – Mutter: „Aber was machen wir mit Papi? Der will ja nicht mehr in den Zoo." – Papi: „So gefällt's mir langsam wieder." – Benjamin: „Kannst du jetzt wieder Auto fahren? Und in beide Richtungen?" – Papi: „Ja, jetzt kann ich in beide Richtungen fahren." – Alle steigen ins Auto, und mit dem Fragespiel war die Fahrt in den Zoo fast zu kurz.

Familie ist ...
– wenn man immer wieder heimkommen darf.
– wo man sich daneben benehmen darf und doch geliebt wird.
– wo man streiten kann und sich dennoch angenommen fühlt.

wapa

Eddi und seine Ellbogen

Der Vater zu seinem elfjährigen Sohn Eddi: „Wie sitzt du denn wieder am Tisch? Nimm sofort deinen Ellbogen runter und schlürfe nicht so, dass man es bis in die Küche hört!" Der Sohn nimmt den Ellbogen runter, aber nach kurzer Zeit ist er wieder oben. Den Kopf nach vorne gebeugt, löffelt sich der Sohn die Suppe schlürfend ins Gesicht. Der Vater, den Ellbogen von Eddi mit schneller Armbewegung vom Tisch schiebend: „Wie oft muss ich dir das denn sagen? Ich will diese Lümmelei beim Essen nicht. Tagtäglich das gleiche Theater!" – Eddi sitzt da, als ob ihn die Sätze seines Vaters nichts angingen. – Der Vater murmelt etwas Unverständliches.

Was ist abgelaufen?
Mittagessen, alle schweigen. Eddi ist in mittelguter Stimmung, innerlich geladen. Er fühlt, jetzt muss etwas passieren. Die Ellbogen eignen sich dazu. Er stützt sie auf dem Tisch auf, und schon redet der Vater mit Eddi, zwar nicht freund-

lich, aber immerhin: das Schweigen ist gebrochen. Eddi
rutscht in den Mittelpunkt. So läuft es täglich ab: Immer ist
der Vater der Verlierer und Eddi der Gewinner.

Welches Verhalten der Eltern hätte mehr Wirkung?
Die Eltern entschliessen sich, während eines gemütlichen
Spazierganges über diese unerfreuliche Tischsituation zu reden. Sie beginnen das „Gespräch danach" so:
„Hör mal Eddi, mit dem alltäglichen Geschimpfe beim
Mittagessen machen wir uns gegenseitig das Leben schwer.
Unsere Reklamationen gehen dir bestimmt auf die Nerven.
Schliesslich soll jeder Mensch so essen dürfen, wie es ihm gefällt. Wir wären in dieser Sache auch an sich noch grosszügig.
Aber wenn wir mal auswärts essen gehen oder wenn Besuch
zu uns kommt, dann ist dein Verhalten für uns schlimm. Da
schmeckt uns das Essen überhaupt nicht mehr."
 Eddi, noch kurz angebunden: „Ich will so essen, wie ich
will, basta!" – Eltern: „Das tönt so, als wolltest du überhaupt
nicht mit uns reden." – Eddi zieht die Schultern hoch und
verzieht den Mund. – Eltern: „Wir bemühen uns, dass wir uns
in unserer Wohnung alle wohl fühlen können und zwar alle,
sowohl du als auch wir." – Eddi, durch das vorwurfslose Gespräch schon etwas offener: „Ja schon, aber ich vergesse mich
dann wieder." – Eltern: „Du meinst, es ist dir schon so in
Fleisch und Blut übergegangen, dass du das gar nicht mehr
merkst." – Eddi: „Ja, genau!" – Eltern: „Und wir merken es
ebenfalls nicht, dass wir in der Situation prompt wieder ins
Reklamieren zurückfallen." – Eddi zuckt schweigend mit den
Schultern. Bei einer Waldlichtung setzt sich die Familie auf
eine Bank. Nach einer Pause nehmen die Eltern das Gespräch
wieder auf: „Was könnten wir drei machen, dass du essen
kannst, wie du willst, und wir uns in einem Restaurant nicht
genieren müssen?" – Eddi antwortete relativ schnell: „Ihr
sagt einfach ‚Ellbogen'. Und dann fällt es mir wieder ein."
 Übrigens wurde dieses Stichwort in jener Familie zu einem
stehenden Ausdruck für alle möglichen Miniproblemchen.

> Viele Erzieher von – heute
> erziehen die Generation von – morgen
> mit Erziehungsmethoden von – gestern.
>
> wapa

16. Ein Paar Rollerskaters für zwei Kinder – oder gleiche Schuhgrösse und die Folgen

Die zehnjährige Franziska und die elfjährige Sandra haben gestern neue Rollerskaters geschenkt bekommen. Allerdings nur ein Paar für beide Mädchen mit der Begründung: a) Ihr habt die gleiche Schuhnummer. b) Ihr steht ja nicht den ganzen Tag auf den Dingern, also könnt ihr abwechseln. c) Zwei Paar Rollerskaters sind uns zu teuer.

Schon am ersten Morgen beginnt der Streit. Kaum hat Sandra einige Runden gedreht, beginnt die jüngere Franziska zu jammern: „Sandra nimmt mir immer alles weg. Sie hat sich gleich am Morgen die Rollerskaters geschnappt, und jetzt behält sie sie einfach an. Das ist gemein! Sie denkt immer nur an sich. Und nur weil ich bereit war, sie zuerst fahren zu lassen, bekomme ich sie jetzt überhaupt nicht mehr! Das ist wirklich ganz gemein!"

Sandra hört sich das Gejammer völlig unbeteiligt an und fährt eine weitere Runde. Franziska beginnt zu weinen. – Die Mutter zu Franziska: „So schlimm ist das doch nicht. Sie lässt dich bestimmt noch fahren. Ich werde Sandra sagen, dass du nach dem Mittagessen fahren darfst." – Franziska: „Am Nachmittag habe ich keine Zeit. Da gehe ich zu meiner Freundin. Wir haben uns verabredet. Ich will *jetzt* fahren! Ich will nicht immer die Dumme sein. Andreas (der fünfjährige Bruder) hat einen Tretroller für sich ganz alleine bekommen. Und nur, weil ich die gleiche Schuhgrösse wie Sandra habe, bekomme

ich keine eigenen Rollerskaters! – Das ist einfach ungerecht!"
– Die Mutter: „Das stimmt nicht. Die Rollerskaters gehören euch beiden. Wenn einmal der Reiz des Neuen weg ist, liegen sie sowieso die meiste Zeit in der Ecke."

Franziska ist so wild, dass sie nicht zum Mittagessen kommt, zu dem auch ich eingeladen bin. So kann ich das ganze Geschehen beobachten. Endlich kommt Franziska doch noch zu Tisch. Sie ist völlig aufgebracht. Alles gute Zureden nützt nichts. Sie sagt: „Mir geschieht immer Unrecht!" Sie schimpft schluchzend vor sich hin, während die ältere Sandra schweigend und scheinbar unbeteiligt in aller Ruhe zu Mittag isst. Dieses Verhalten wirkt natürlich auf Franziska aufreizend. Zweimal rennt sie vom Tisch weg, und zweimal kommt sie heulend und nach Atem ringend zurück.

Die Eltern schauen mich fragend an und sagen: „Was willst du da machen? So geht es die ganze Zeit. Einmal sind es Rollerskaters, dann ist es wieder etwas anderes. Irgend etwas finden sie immer. Wir fühlen uns so machtlos!"

Theorie:
Natürlich spielt bei diesen beiden Schwestern die Eifersucht eine grosse Rolle. Von grösserer Bedeutung aber ist in diesem Fall: Beide sind sich einig im Kampf gegen die Mutter/die Eltern. Die Rollerskaters sind der dankbare Konfliktgegenstand. Beide Schwestern haben nicht nur das Bedürfnis, mit den Rollerskaters fahren zu können, wann und wie lange sie wollen, sondern es zeigt sich hier ein Bedürfnis nach Macht der Mutter gegenüber. Mit dem Streit haben sie erreicht, dass sich die Mutter mit ihnen beschäftigen muss. Die Mutter versucht es mit Argumentieren und Schlichten und – verliert. Die Kinder bleiben Sieger.

Der vordergründige Konfliktgegenstand heisst natürlich: Ein Paar Rollerskaters für zwei Kinder. – Das eigentliche Thema heisst aber nicht Rollerskaters, sondern Gerechtigkeit und Annahme: Dieser Vorfall mit den Rollerskaters gibt den Eltern eine „goldene Gelegenheit" mit ihren Kindern ein aufbauendes Gespräch zu führen. Das Thema wird heissen: „Sich ungerecht behandelt fühlen und der Zwang zur Beschuldigung". Während solchen Gesprächen wird den Mädchen langsam klar, dass sie beide das gleiche Problem haben.

In dem Mass, indem sich die Kinder in ihrem Gefühl der Ungerechtigkeit verstanden fühlen und sich in einem *Gespräch danach* ernst genommen fühlen, werden sie kooperativ.

Verstehendes Gespräch mit Franziska:
Wie ein verstehendes *Gespräch danach* die Wellen glätten könnte, versuche ich im folgenden zu zeigen. Dazu nehme ich das obenstehende Gespräch an folgender Stelle wieder auf:

Franziska ist so wild, dass sie nicht zum Mittagessen kommt, zu dem auch ich eingeladen bin. Endlich kommt sie doch noch zu Tisch. Sie ist völlig aufgebracht. Alles gute Zureden nützt nichts. Sie schluchzt und schimpft vor sich hin, während ihre Schwester in aller Ruhe ihr Mittagessen geniesst. Die Eltern sagen keinen Ton. Alle essen schweigend. Sandra verlässt zuerst den Tisch, um in ihrem Zimmer Aufgaben zu machen.

Vater benützt diese Gelegenheit und sagt: „Franziska, offensichtlich tut es dir sehr weh, wie deine Schwester mit dir umgeht." – Franziska, mit entsprechender Handbewegung: „Ja, sie ist gemein!" – Der Vater: „Du hast das Gefühl, es freut sie, dass du dich so ärgerst." – Franziska: „Genau!" – Pause. – Als Franziska zu weinen aufgehört hat, sagt sie: „Ich wäre ja bereit, die Rollerskaters mit Sandra zu teilen. Es muss aber immer nach ihrem Kopf gehen, und mir hilft niemand!" – Die Mutter nimmt den Faden auf: „Du fühlst dich deiner grösseren Schwester einfach unterlegen." – Und der Vater ergänzt: „Du wirst das Gefühl nicht los, wir hätten deine Schwester lieber, als dich." – Franziska, aus tiefster Seele: „Ja, genau!" – Der Vater antwortet: „Das ist das, was wir am wenigsten wollen. In unserer Familie sollen sich alle gleichwertig und angenommen fühlen. Hast du eine Idee, wie wir das fertig bringen könnten?" – Schweigen.

Der Vater nach einer Denkpause: „Wenn ich mir das genau überlege, meint ihr eigentlich beide, wir hätten jeweils die andere lieber. Und deshalb versucht jede auf ihre Art, uns in Verzweiflung zu bringen: Die eine mit dramatischen Auftritten, die andere mit eiskalter Provokation." – Franziska zögernd: „Ja, eigentlich schon." – Pause. – Die Mutter durchbricht das Schweigen: „Weisst du, wir Eltern sind in einer ganz dummen Situation: Wir möchten es euch beiden recht machen und jetzt erfahren wir, dass ihr euch beide benachteiligt fühlt. Das ist schlimm für uns. Wir sind in einer Notsituation: Einerseits ist es uns wichtig, mit euch beiden gerecht umzugehen. Andererseits können wir nicht dauernd euren Wünschen nachgeben und z. B. ein zweites Paar Rollerskaters kaufen. Dazu fehlt uns schlicht das Geld. Irgendwo müssen wir Grenzen setzen." – Der Vater: „Ja, aber wie? Was können wir gemeinsam tun, dass sich keiner von uns benachteiligt fühlt und jeder in unserer Familie zufrieden sein kann?" – Franziska schweigt und hebt fragend die Schultern. (Das ist normal, denn diese Redeweise ist ihr fremd.)

Die Mutter fährt fort: „Wir legen jetzt ein Heft an. Wenn wieder so etwas passiert ist, schreiben wir den Vorfall hinein. Und in einem *Gespräch danach* besprechen wir dann, was wir hätten anders machen können. Mit der Zeit wird es uns gelingen."

Franziska: „Darf ich jetzt zu meiner Freundin gehen, wir haben uns verabredet." (Dieser Abgang ist normal. Sie muss jetzt mit sich allein sein, um mit sich klar zu kommen. Bei einem vorwurfslosen Verhalten der Eltern wird sie auf dieses Gespräch zurückkommen.)

Verstehendes *Gespräch danach* mit Sandra:
Noch am gleichen Tag nehmen die Eltern eine günstige Gelegenheit wahr, um mit der älteren Sandra alleine einen Abendspaziergang zu machen.

Der Vater beginnt so: „Bei der Rollerskaters-Geschichte heute Mittag seid ihr beiden Schwestern aber arg wütend aufeinander gewesen." – Da bricht es aus Sandra hervor: „Natürlich, die Kleine ist ein raffiniertes Biest. Sie weiss genau, wie sie euch beide um den Finger wickeln kann. Sie spielt die Unglückliche, und schon wird sie von euch getröstet und gestreichelt. Alles dreht sich nur noch um sie. An mich denkt keiner. Sie war schon immer das Nesthäkchen, die „Herzige", die „Süsse". Und ich bin nirgends. Warum? Weil ich nie Schwierigkeiten gemacht habe!" – Der Vater: „Auf diese Idee bin ich noch gar nicht gekommen. Du fühlst dich also benachteiligt, weil du eine ruhige Natur bist und nicht so schauspielern kannst." – Sandra: „Ganz genau! Schon immer hat es geheissen, du bist doch die Ältere, sei doch vernünftig. Der Gescheitere gibt nach und solchen Quatsch. Als Franziska klein war, musste ich immer auf sie aufpassen. Schon damals hat sie mich immer geärgert. Sie ist einfach ein raffiniertes Biest. Ich könnte sie erwürgen!" – Der Vater ganz verdutzt: „Du meinst offensichtlich, wir hätten Franziska lieber als dich." – Sandra aus vollem Herzen: „Ja, ganz genau! Drum bleibt mir nur eines: Handeln! Deshalb habe ich mir die Rollerskaters auch sofort geschnappt. Alles weitere ist mir egal!" – Nach diesem Ausbruch kombiniert der Vater: „Wenn ich dich richtig verstehe, besteht deine Rache also darin, deine Schwester so lange zu reizen, bis sie wieder ihre Szene macht. Dann kannst du in aller Seelenruhe dein Mittagessen geniessen." – Sandra muss zuerst nachdenken, aber dann wird ihr langsam klar: „Ja, eigentlich schon." – Darauf der Vater: „Dann ist es eigentlich so, dass ihr beide meint, wir hätten jeweils die andere lieber. Und deshalb versucht uns jede auf ihre Art in Verzweiflung zu bringen, die eine mit dramatischen Auftritten, die andere mit eiskalter Provokation." – Pause. – Die Mutter bricht das Schweigen: „Weisst du, wir sind in einer ganz dummen Situation: Wir möchten es euch beiden recht machen und jetzt erfahren wir, dass ihr euch beide benachteiligt fühlt. Das ist schlimm für uns. Wir sind in einer Notlage: Einerseits ist es uns wichtig, sehr wichtig sogar, mit euch beiden gerecht umzugehen. Andererseits können wir nicht dauernd euren Wünschen nachgeben und z. B. ein zweites Paar Rollerskaters kaufen. Dazu fehlt uns schlicht das Geld. Irgendwo müssen wir Grenzen setzen. Wie setzt man bloss gerechte Grenzen, und was ist überhaupt Gerechtigkeit?"

Der Vater: „Ja echt, was ist Gerechtigkeit? Das ist eine schwierige Frage. Da müsste man länger darüber nachdenken. Aber zuerst müssen wir die Frage lösen, was wir gemeinsam tun können, damit sich jeder in unserer Familie wohl fühlen kann?" – Sandra schaut auf den Waldboden, setzt einen Fuss vor den andern und weiss nicht recht, was sie sagen soll. Das ganze Gespräch ist für sie ungewohnt. – Da redet die Mutter weiter: „Ich habe eine Idee: Wir legen ein Heft an und wenn wieder so etwas passiert ist, schreiben wir den Vorfall hinein. In einem *Gespräch danach* besprechen wir dann, was wir hätten besser machen können. Mit der Zeit wird es uns gelingen!"

Eine grössere Zerstörungskraft als die Atombombe hat der ständige, unbedacht vorwurfsvolle Ton.

wapa

Schmutzige Füsse

Sascha ist bei seiner Tante in den Ferien. Vor dem Ins-Bett-Gehen sagt die Tante: „So, jetzt werden die Füsse gewaschen. Hier ist ein Stuhl und ein Waschbecken, setze dich damit ins Badezimmer und wasche deine Füsse."

Als Sascha ins Bett steigen will, sagt die Tante: „Zeig mal deine Füsse!" – Sascha streckt gehorsam seine Beine in die Höhe. – Die Tante: „Das nennst du gewaschen? Aber rasch ins Bad und nochmals richtig waschen und zwar mit Seife, verstehst du?!" – Die zweite Kontrolle fällt besser aus. Sascha geht ins Bett. Als die Tante zufällig ins Bad hineinschaut, sieht sie das Waschbecken gefüllt mit dreckigem Wasser und den Waschlappen, die Seife und das Handtuch am Boden zerstreut.

Die Tante geht zurück in Saschas Zimmer und sagt: „Sascha, so verlässt man doch kein Badezimmer! Warum lässt du alles am Boden liegen?" – Darauf Sascha: „Ich wusste ja nicht, ob ich die Füsse noch ein drittes Mal waschen muss!"

> Den anderen verstehen,
> heisst noch nicht, ihm auch recht zu geben.
>
> wapa

17. Das unterbrochene Indianerspiel – oder Freiheit, die ich meine!

Der Vater sitzt an einem sommerlichen Samstagabend mit Gästen auf der Terrasse hinter dem Haus. Das Gespräch scheint interessant und angeregt zu sein. Seine drei Kinder, die fünfjährige Nathalie, der siebenjährige Chris und der neunjährige Roman spielen „Indianer" und tollen mit Gebrüll durch den Garten und um das ganze Haus herum. Es wird langsam ungemütlich. Die Gäste werden von dem Lärm immer mehr abgelenkt, und das Gespräch wird zerfahren.

Der Vater wird nervös, und so entspinnt sich zwischen dem Vater und den Kindern folgender Dialog: „Jetzt ist aber Schluss! Marsch ins Haus und sofort ins Bett mit euch!" – Die Kinder: „Nein, wir müssen noch fertig spielen. Chris ist noch nicht gefangen. Er muss noch an den Marterpfahl!" – Vater: „Blödsinn! Ich kann Kriegsspiele sowieso nicht ausstehen. Ich habe gesagt: Ins Bett mit euch!" – Die Stimmung ist weg. Die Kinder räumen zusammen und verziehen sich murrend ins Haus. Nach einer Viertelstunde geht drinnen ein Gepolter los. Der Vater ruft: „Was macht ihr denn für einen Lärm? Man versteht ja sein eigenes Wort nicht mehr!" – Keine Reaktion. – Der Vater erhebt sich energisch und schreitet ins Haus. Der siebenjährige Chris und die fünfjährige Nathalie wälzen sich am Boden und schlagen sich, während der neunjährige Roman laut Klavier spielt (was er im allgemeinen nicht zu tun pflegt). – Der Vater zieht Chris hoch: „Schluss jetzt! Man geht doch nicht auf seine kleine Schwester los! Zuerst miteinander spielen und nicht aufhören wollen – und jetzt dieser Streit. Wie passt denn das zusammen?! Marsch, jeder in sein Zimmer!"

Drei Türen fliegen krachend ins Schloss, und damit ist endlich Ruhe im Haus – meint der Vater. – Einem erfahrenen Elternpaar wird klar sein: Ein ruhiges Gespräch mit den Gästen wird an diesem lauen Sommerabend nicht mehr möglich sein. Der Vater fühlt sich als Verlierer. Sich seinem Besuch zuwendend, sagt er, halb entschuldigend, halb wütend: „Die heutige Jugend ist einfach rücksichtslos. Spielen besteht nur noch aus Krach machen. Heute kann es nicht laut genug zu- und hergehen! Die Kinder haben einfach kein Gefühl mehr für Musse und Anstand! Das ist der Lauf der Zeit. Da sind all unsere pädagogischen Ansätze wirkungslos!" – Und nach einer Pause: „Das Haus gehört immer noch mir, und ich habe schliesslich das Recht, mich mit meinen Gästen in Ruhe unterhalten zu können. Störenfriede sind rücksichtslose Menschen, auch Kinder. Das müssen sie einfach lernen!"

Ende der Geschichte, aber kein Ende des Machtkampfes.

Theorie:

In diesem Gespräch überschneiden sich zwei gegensätzliche Bedürfnisse nach Freiheit: Offensichtlich wollen die Kinder etwas anderes, als der Vater will. Der Vater will auf seiner eigenen Terrasse, die er sogar selber gebaut hat, mit seinen Gästen einen ruhigen Abend verbringen. Weil aber die Kinder trotz der Interventionen des Vaters nicht ruhig werden, fühlt sich der Vater in seiner Freiheit eingeengt. Der Vater wendet nun Macht an, um seine persönliche Freiheit zurückzugewinnen, in diesem Fall, um mit seinem Besuch in Ruhe reden zu können.

Die Kinder hingegen wollen die Hochstimmung beim Indianerspielen so richtig auskosten und den schönen Samstagabend geniessen. Weil ihnen aber der Vater das Spiel verbietet, fühlen sie sich ebenfalls in ihrer Freiheit beschnitten. Und weil sie das ungerecht finden, entwickeln sie eine Gegenmacht. Ihre Logik lautet: Wenn wir schon nicht spielen dürfen, soll auch der Vater mit seinem Besuch keine Ruhe haben. Sie entscheiden sich kurzerhand für ein anderes Spiel, nämlich für Gerangel und Lärm in der Wohnung. Ihre Gegenmacht hat mindestens zu einem Unentschieden geführt. Auf einen kurzen Nenner gebracht:

- Der Vater fühlt sich in seiner Freiheit beschnitten.
- Die Kinder fühlen sich ihrer Freiheit beschnitten.
- Beide Parteien versuchen, sich ihre Freiheit mittels Macht zu holen.

Welche Verhaltensweise könnte in dieser Situation Erfolg haben? Ein Vater mit *„Verstehender Grundhaltung"* würde den Kindern signalisieren: Euer Verhalten ist normal, denn Lärm ist nichts Schlechtes. Ihr habt ein Recht auf euer Spiel, und ich habe ein Recht auf ein angenehmes Gespräch.
  Das bedeutet: Wir haben einen Konflikt, und wir suchen jetzt eine gemeinsame Lösung.
  In dieser Grundhaltung fühlen sich die Kinder gleichwertig und ernstgenommen. Es gibt weder Gewinner noch Verlierer. Plötzlich sind die Kinder änderungsbereit, und der Machtkampf weicht einer Kooperation.

Wie könnte man diese Grundhaltung in ein Gespräch einbauen? – Wir beginnen noch einmal mit der Geschichte und schwenken dann in die *Verstehende Grundhaltung*:
Die drei Kinder, fünf-, sieben- und neunjährig, spielen „Indianer" und tollen mit Gebrüll durch den Garten und um das ganze Haus herum. Dem Vater wird es langsam zu bunt, er steht auf und fängt die Tochter ab. Der Vater sagt: „Hör mal! Wir haben langsam Mühe, uns zu verstehen!" (Ich-Botschaft) – Keine Reaktion. Die Kinder drehen noch eine weitere Runde. (Das ist normal.) Gerade rennt Roman vorbei. – Der Vater stoppt ihn und sagt bestimmt: „Ich habe Besuch hier und will mich mit ihm in Ruhe unterhalten. Der Lärm stört mich!" (Die Situation wird wertfrei, aber bestimmt und mit einer Ich-Botschaft dargestellt). – Die Kinder verdrücken sich auf die andere Hausseite. Aber nach einer Viertelstunde sind sie wieder da und machen den gleichen Lärm. – Nun wird der

Vater energisch. Er steht auf und ruft alle drei Kinder zusammen. Er sagt: „Ich bin jetzt in einer Notlage: Einerseits gönne ich euch das Indianerspiel und Lautsein gehört nun einmal dazu. Andererseits habe ich jetzt Besuch, und ich will mich in Ruhe mit meinen Gästen unterhalten!" (Eine sogenannte starke Ich-Botschaft in Form einer Problemstellung. Die Aussagen des Vaters wirken zwar sehr bestimmt und entschieden. Sie sind aber vorwurfslos und für die Kinder verständlich.)

Der Vater hat sich entschlossen zu handeln. Er wendet Macht an und verbietet das Spiel mit folgenden Worten: „Hört mal! Im Moment habe ich einfach keine andere Wahl: Ich muss euch dieses Spiel jetzt verbieten!" (Befehl, in Form einer Du-Botschaft; der Befehl wirkt aber nicht als Willkür, sondern als Notsituation des Vaters und ist daher vorwurfslos. Jetzt hat sich die Situation geändert. Die Kinder stehen verdutzt da.)

Nach einer kurzen Pause sagt der Vater: „Was können wir tun, damit ihr weiterspielen könnt und ich mich mit meinem Besuch trotzdem unterhalten kann?" (Der Vater bittet die Kinder um Lösungsvorschläge, welche die Bedürfnisse beider Parteien berücksichtigen, also: Spiel für die Kinder und Ruhe für den Vater). – Pause. – Die Kinder überlegen, wie sie sich jetzt verhalten sollen. Sie brauchen etwas Zeit, um sich auf die neue Situation einzustellen. Aber jetzt sind sie wenigstens änderungsbereit. An dieser Stelle wäre eine „Ideensammlung" einzuschalten. Ich vermute, die Kinder werden sich in kürzester Zeit für irgendeine Spielvariante entscheiden.

Nehmen wir also an, die Kinder beschliessen folgendes:

Die Indianer bauen hinter dem Busch ein Indianerzelt und rauchen die Friedenspfeife. (Diese nicht sehr originelle Blitzidee stammt von mir. – Haben Sie in solchen Fällen etwas Geduld! Ich kann Ihnen versichern: Kindern fallen oft erstaunlich originelle Lösungen ein.) Zu schön, um wahr zu sein? Wer's probiert, der erfährt es.

> Die Änderungsbereitschaft des Kindes beginnt dann,
> wenn es sich verstanden fühlt.
>
> wapa

18. Der rätselhafte Peter – oder warum ein Vegetarier Schweineschinken isst

Peter ist elfjährig, intelligent, lebendig, ein guter Schüler. Seit einiger Zeit bemerken die Eltern, dass Peter lügt und stiehlt.

Seinem jüngeren Bruder Claude fehlen plötzlich fünf Mark in seinem Sparschwein. Am nächsten Morgen findet die Mutter beim Aufräumen unter einer Schachtel ein Sexheft für vier Mark neunzig. Die Eltern bringen natürlich sofort dieses Magazin mit den fehlenden fünf Mark in Verbindung. Peter streitet alles ab. Er habe mit dem nichts zu tun.

Dann flattert der Mutter beim Staubsaugen des Kinderzimmers plötzlich unter der Matratze von Peters Bett ein Zehnmarkschein entgegen. Vom Vater daraufhin angesprochen, schweigt Peter und schaut ins Leere.

Alle Verhörtechniken, alles Bitten und Drohen nützt nichts. Peter bleibt in beiden Fällen bei seinem „Nein" und schweigt.

In der nächsten Woche kommt Peter dreimal über eine halbe Stunde zu spät zum Mittagessen. Jedesmal sagt er, in der Schule sei es länger gegangen. Zudem ist er in letzter Zeit sehr schnippisch und frech.

Bei einem Kontrollgang des Vaters zwischen Schule und Elternhaus, entdeckt er seinen Sohn hinter einem Mannschaftswagen des Strassenbauamtes. Peter beisst gerade genussvoll in das Schinkenbrot eines Bauarbeiters.

Dem Vater bleibt die Luft weg. Zu Hause angelangt, beginnt er mit einer Gardinenpredigt: „Was fällt dir denn ein! Du weisst doch ganz genau, dass wir Vegetarier sind. Und erst noch

Schweinefleisch! Wo du genau weisst, wie ungesund ...!" – Peter sitzt verstockt da und kaut an seinen Fingernägeln. – „So sag doch irgendwas!" schreit ihn der Vater an. – Da beginnt Peter zu weinen. In den Augen der Eltern ein unverständliches Verhalten.

Die Eltern gestehen mir, sie würden sich Peter gegenüber ratlos fühlen: „Wir kaufen ihm doch alles, was er will! Spielzeug hat er in Hülle und Fülle! Wir bezahlen ihm Reit- und Tennisstunden. Und vor kurzem erst hat er ein nagelneues 21gängiges Mountain-Bike bekommen, genau nach seinen Wünschen! Und dann fünf Mark stehlen und den Bauarbeitern ihre Schinkenbrote wegessen. Mit Peter stimmt irgend etwas nicht mehr! Wir haben ihm gesagt: „Du wirst jetzt kontrolliert. Du wirst uns von jetzt an genau sagen, wo du hingehst, verstehst du!" – Und mich fragt der Vater: „Wie sonst hätten wir reagieren können?"

Theorie:

Die Eltern haben eine kontrollierende Grundhaltung. Aus ihrem Blickwinkel heraus sind sie zu folgender Ansicht gekommen: Man muss ein Kind so lange formen und beeinflussen, bis aus dem Bündel von egoistischen Bedürfnissen und Absichten ein soziales Wesen wird. Man muss dem Kind sagen, was gut und was nicht gut ist. Der Mensch ist ein Gewohnheitstier. Wenn man das Kind an das Gute gewöhnt, wird es langsam das Gute von sich aus machen.

Peter ist ein typisch überbehütetes Kind. Er fühlt sich im goldenen Käfig eingesperrt. Peter hat alles, nur eines nicht: Freiheit. Aus seinem Blickwinkel heraus und aufgrund seiner Erfahrungen hat er sich folgende Weltsicht geschaffen: Sinn des Lebens ist Freiheit. Freiheit aber ist, wenn die Eltern nicht wissen, was man tut. Denn von den Eltern aus darf er nur Sachen machen, die gesund sind, die moralisch hochstehend sind, die im Sinne der Familie sind, kurzum: Man tut nur Dinge, die gut sind. Deshalb baut sich in ihm das gegenteilige Bedürfnis auf, nämlich etwas zu tun, das ihm Spass macht, das aufregend und moralisch unerwünscht ist, auf jeden Fall etwas, das die Eltern nicht wissen dürfen. Nur so meint er, habe er Freiheit.

Der Teufelskreis beginnt sich zu drehen, wie ist er zu durchbrechen?
Verbieten, kontrollieren, an kurzer Leine halten bewirkt Verhärtung und Kampf. Es bleibt nur, Freiheit zu gewähren mit all den Schwierigkeiten und Ängsten, die daraus entstehen. Es lohnt sich. Denn wenn ein Kind im *Gespräch danach* keine Angst vor Vorwürfen haben muss, hat es nicht mehr nötig zu lügen und zu stehlen, weil es darüber reden kann. Wenn dem Kind genügend Freiheit zugestanden wird, besteht für ein Kind keinen Grund mehr, etwas zu verheimlichen.

Die Psyche des Kindes ist schon richtig konzipiert. Deshalb bedeutet Erziehung, ehrfurchtsvoll darauf zu achten, dass die Entwicklung des Lebens nicht gestört wird. Zu dieser Entwicklung gehört auch das Ausprobieren verschiedener Verhaltensmuster. Mit Peter über seine Schwierigkeiten im Umgang mit Freiheit und Besitz öfter zu reden, zeigt Erfolg. Denn Konflikte sind dankbare Gelegenheiten, um mit dem Kind in aufbauende Gespräche zu kommen.

Wie könnte man diese Erkenntnisse sinnvoll in ein Gespräch einbauen?

Hier ein Versuch: Die Eltern von Peter haben sich eine ruhige halbe Stunde ausgesucht, um mit Peter allein reden zu können. Der Vater beginnt so: „Peter, wir haben da einige seltsame Beobachtungen gemacht: Zuerst fehlen Claude fünf Mark. Dann finden wir ein Sexheft zu DM 4.90. Unter der Matratze finden wir zehn Mark. Dreimal kommst du später als gewohnt aus der Schule nach Hause und erzählst uns, es sei halt länger gegangen. Und ich finde dich bei den Tiefbauarbeitern."

Peter schweigt mit grimmiger Miene. – Der Vater: „So sag doch irgend etwas! Was soll denn das?" Der Vater kramt seine letzten Erkenntnisse aus dem Kurs zusammen und sagt wie gelernt: „Natürlich will niemand schuld sein. Darum schweigst du. Denn wenn du irgend etwas zugibst, rechnest du mit einem Schwall von Vorwürfen. Ich verspreche dir jetzt, nicht mit dir zu schimpfen. Du kannst also ohne Angst mit mir reden." – Peter schweigt weiter, denn er glaubt seinem Vater nicht. Das Gespräch wird abgebrochen. Peter kommt zwar pünktlich zum nächsten Mittagessen. Er sitzt aber mürrisch da und ist kurz angebunden.

Am nächsten Tag sagt der Vater: „Du hast irgendwie eine riesige Wut im Bauch." – Schweigen. – „Mit deinen Eltern bist du nicht zufrieden. Du fühlst dich hier angebunden wie ein Hund und kannst nie machen, was du willst." – Da sagt Peter stockend und leise: „Ihr seid eine stinklangweilige Familie!" – Der Vater will sich schon verteidigen, doch er bleibt ruhig und sagt: „Immer brav sein und immer den Netten spielen geht dir gegen dein Naturell!" – Da bricht es aus Peter hervor: „Ja, genau! Alles wird kontrolliert. Die Mutter zieht mir sogar den Scheitel nach. Und dann der vegetarische ‚Frass', diese blöde ‚Körnchenpickerei', und über nichts anderes kann man reden, als über Vitamine, Spurenelemente und Ballaststoffe. Stellt doch eine Briefwaage auf den Tisch, damit ich endlich weiss, wieviel Dinkelkörner, Sojakerne, B12-Vitamine und Phosphate ich gegessen habe! Alles Gute darf ich nicht essen! Ihr seid Sadisten!"

Der Vater, mit erschreckten Augen: „Das ist mir ganz neu. So also wirken wir auf dich?" – Die Mutter: „Wir meinen es doch nur gut mit dir. Wir möchten, dass du gesund bleibst und dich wohl fühlst." (= versteckte Du-Botschaft!) – Sie fängt einen leicht zynischen Blick von Peter ein. – Peter: „Gesund, gesund, gesund. Wenn ich das Wort nur schon höre! Für euch ist der Sinn des Lebens: Kein Schweinefleisch essen, brav sein und machen, was die Eltern sagen! Ihr behütet mich, wie einen Schosshund, aber wie's mir geht, interessiert euch nicht! – Mutter: „Also hör einmal Peter, das ist undankbar. Dafür, dass du haben kannst, was du willst, sagst du uns jetzt, wir würden dich wie einen Schosshund halten." – Peter gibt zurück: „Was nützt mir das viele Spielzeug? Was nützt es mir, wenn ich jede Woche reiten muss? Und was nützt es mir, wenn ich Cello spielen muss, wenn ich nie machen kann, was *ich* will? Ich fühle mich eingesperrt in einem goldenen Käfig!" Er unterstreicht das Gesagte mit einer heftigen Handbewegung. Dann steht er auf und geht wortlos davon.

Wie könnte das Gespräch angenehmer und in „*Verstehender Grundhaltung*" zu Ende geführt werden? – Steigen wir nach Peters Gefühlsausbruch in das Gespräch ein:
Auf die Eltern wirkt diese Eröffnung wie ein Schock. Sie sitzen entgeistert da und wissen nicht, was sie sagen sollen. Der Vater fängt sich zuerst auf, besinnt sich an das Gelernte und sagt: „Dass du dich so fühlen könntest, auf diese Idee sind wir nicht gekommen. Das müssen wir zuerst einmal verdauen! Und was den goldenen Käfig anbetrifft, sind wir in einer echten Notlage. Wir beide sind es aus unserer eigenen Kindheit gewohnt, genau zu gehorchen, belohnt und bestraft zu werden. Es ist uns auch klar, dass dies nicht die ideale Erziehung ist, aber wir fallen immer wieder in das alte Muster zurück. Zudem haben wir immer Angst, wir würden in der Erziehung etwas falsch machen, und es könnte etwas dermassen schiefgehen, dass man es später nicht mehr zurechtbiegen kann. Ich vermute, von daher kommt unser Dirigismus. Wir schaffen das alleine nicht. Wir brauchen deine Hilfe! Wenn zwischen uns wieder etwas Unangenehmes passiert, dann wissen wir jetzt den Grund, und deshalb werden wir mit dir nicht mehr

schimpfen." – Die Mutter fährt fort: „Und was das Essen anbelangt, so wollen wir nicht stur sein. Das Essen soll dir doch schmecken. Wir werden dir da entgegenkommen." – Nach diesem unerhört mutigen Satz von der Mutter wendet der Vater ein: „Einerseits stimme ich dem allem zu, und ich bin ja an sich liberal; andererseits können wir dir doch nicht alles durchlassen. Irgendwo gibt es einfach Grenzen. Zuletzt haben wir dann überhaupt nichts mehr zu sagen."

Da findet die Mutter zu einem salomonischen Schluss. Sie sagt: „Wir legen jetzt ein Heft an. Dort schreiben wir alles hinein, was wir gut und weniger gut finden. Hie und da setzen wir uns gemütlich zusammen und untersuchen gemeinsam, wo die eigentlichen Schwierigkeiten liegen. So können wir sie am besten beseitigen. Wir werden das doch gemeinsam schaffen!"

Daraufhin bleiben alle gemütlich sitzen, was schon lange nicht mehr passiert ist.

Negativ denken – reiner Energieverschleiss.
Positiv denken – echter Energiegewinn.
Die Entscheidung liegt bei mir.

wapa

---

19. Ich mache, was ich will

Eine Kursteilnehmerin empfiehlt ihrer Freundin, mit mir Kontakt aufzunehmen. Die Freundin ist Mutter von zwei Knaben und hat mit ihrem älteren Sohn Schwierigkeiten. Ich gebe drei Gespräche gekürzt wieder, die ich mit den Beteiligten geführt habe:

Gespräch mit der Mutter allein:
Die Mutter des 16jährigen Tobias kommt in grösster Not zu mir und schüttet mir ihr Herz aus: „Ich werde von meinem

immer stärker werdenden Sohn bedrängt und fühle mich ihm ausgeliefert. Ich bin ratlos."

Während eines langen Gesprächs sagt sie mir weiter: „Ich verstehe Tobias einfach nicht. Er kann so lieb und nett sein. Er kommt öfters und von sich aus mit dem Wunsch zu mir „Eile mit Weile" zu spielen. Dann kann ich mit ihm und manchmal mit der ganzen Familie zwei, drei Stunden lustig und angenehm spielen. – Doch plötzlich sagt er dann: „Ich ändere jetzt die Spielregeln, und zwar so, dass immer ich gewinne!" – Jetzt weiss jeder am Tisch: „Wenn nur einer aufmuckt, beginnt das Theater, und man weiss nie, was er dann wieder in der Wohnung kaputtschlägt. Zur Zeit macht er eine Schnupperlehre in einer Schreinerei. Dort hat man ihn gern. Er fügt sich gut ein, ohne irgendwelche Schwierigkeiten." – Die Mutter sagt mir aufgelöst und sehr betrübt: „Wieso kann er bei fremden Leuten so angenehm und zuvorkommend sein? Und warum benimmt er sich zu Hause wie ein „Satan"? Was mache ich denn nur falsch? Ich tue ihm doch zuliebe, was ich nur kann. Aber er verlangt die unsinnigsten Sachen von mir. Er dreht seine Argumente dauernd so um, dass ich die Schuldige bin. Er ist wie ein Fisch. Ich kann ihn nicht „fassen"! Er sagt einfach immer: „Die andern sind schuld, dass ich so handeln muss. Mir geschieht immer Unrecht! Meinen (um zwei Jahre) jüngeren Bruder habt ihr viel lieber als mich. Der darf ja alles!" – Zudem sagt Tobias öfters: „Mein Bruder schleicht sich in mein Zimmer und wühlt in meinen Sachen, wenn ich nicht da bin. Aber ich merke es sofort, wenn jemand in meinem Zimmer gewesen ist. Dann schlage ich ihn halt zusammen oder drücke seinen Kopf unter den Wasserhahn in der Toilette. Das Faustrecht ist für mich die einzig gerechte Gerechtigkeit. Und ich komme ja weiter damit! Wenn man mir nicht haarscharf genau gehorcht, schlage ich zu und mache irgend etwas kaputt! – Mein System funktioniert ja! Was will ich mehr? Es klappt ja immer!"

Die Mutter erzählt weiter: „Einmal hat er wegen einer Kleinigkeit das Radio seines Bruders kaputtgeschlagen. Aber ohne Aufforderung hat ihm Tobias zwei Monate später zu Weihnachten ein grösseres, doppelt so teures Stereoradio geschenkt." –

Oder: „Beim Einsteigen ins Auto hat er von mir verlangt, ich müsse genau einen Meter rückwärts fahren, damit er bequemer einsteigen könne. Dabei war auch so Platz genug! Er blieb beharrlich an seinem Platz stehen und machte den grössten Aufstand, bis ich schliesslich den Meter zurückgefahren bin."

Sie sagt weiter: „Er kommt sehr oft und sagt, es täte ihm leid. Wir schliessen dann jedesmal Frieden. Aber am nächsten Tag beginnt alles wieder von vorne. Solche Situationen erleben wir täglich. Bei allen gutgemeinten Gesprächen fühle ich mich zuletzt als Verliererin!" – Sie gesteht mir: „Ich bin am Ende! Ich kann nicht mehr weiter! Je länger, je mehr habe ich Angst davor, mich ihm zu widersetzen. Erstens weil er dann wieder etwas zusammenhauen würde und zweitens, weil Tobias dann erst recht sagen würde: „Ihr seid ja schuld, dass ich so rabiat werde. Ihr habt mich einfach nicht gern!"

Diese Sätze verletzen mich im Innersten. Ich bekomme dann wieder meine stechenden Schuldgefühle. Ich fühle mich Tobias gegenüber völlig hilflos und ausgeliefert. Am liebsten würde ich mit meinem Mann weit, weit wegfahren. Ich möchte alles vergessen können und von all dem nichts mehr wissen. Und immer wieder wiederholt sie sich: „Was habe ich denn nur falsch gemacht?" Und dann völlig entmutigt: „Ich mache sowieso immer alles falsch!"

Gespräch zwischen Mutter und Sohn:
Ich konnte ein Gespräch zwischen der Mutter und ihrem Sohn Tobias miterleben. Die Mutter versucht vernünftig und einfühlend zu argumentieren, rutscht aber schnell in eine Verteidigungssituation, die Tobias natürlich sofort ausnutzt. Sie redet zwar sehr lieb, aber all ihre Sätze sind Du-Botschaften. Entweder moralisierend oder verteidigend; ungefähr so: „Natürlich habe ich dich gleich lieb, wie deinen Bruder, aber mit ihm habe ich halt keine Schwierigkeiten." Oder: „Könntest du nicht wenigstens ein bisschen umgänglicher sein, dann würdest du dich auch selber besser fühlen? Du kannst doch nett und anständig sein. An deiner Arbeitsstelle haben sie dich ja alle gern." – Darauf Tobias: „Die reden aber auch nicht so

blöd wie du!" – Die Mutter: „Ich rede nicht blöd, ich will dir ja nur helfen." – Tobias: „Du musst mir gar nicht helfen. Du musst mir nur gehorchen, dann geht es schon gut!" – Darauf weiss die Mutter nichts mehr zu sagen. Es tritt Stille ein.

Da beginnt wieder Tobias: „Ihr erzählt allen Leuten, ihr hättet Probleme mit mir. Wo sind denn eure Probleme, wo?" Und sehr spitz doppelt er nach: „Ich müsste doch welche haben, wenn ihr mit mir nicht zufrieden seid. Also wo sind sie, wo?" – Und prompt beginnt die Mutter wieder von vorne. So wurde die Spirale dreimal gedreht. – Ich habe mich wortlos verhalten.

Gespräch mit Tobias allein:
Es war mir auch möglich, ein langes Gespräch mit Tobias alleine zu führen. Auf meine Frage, was denn seine Eltern falsch machen würden, sagt er: „Die nehmen alles viel zu ernst, reklamieren den ganzen Tag, erklären mir, wie man Spaghetti anständig isst und solchen Quatsch. Sie kommen einfach nicht daraus. Sie sind doch selber schuld. Wenn sie Fehler machen, muss ich ja zurückschlagen. Da können sie mir nachher keinen Vorwurf machen!"

Er erzählt weiter: „Cowboyfilme sehe ich am liebsten." – Ich: „Warum?" – Tobias: „Wenn dort einer dumm tut, hat er die Faust in der Fresse. Das nenn' ich noch Gerechtigkeit!" – Oder: „Ich würde schon Französisch lernen, wenn der Lehrer einmal einen richtigen Krimi auf Französisch lesen würde, aber einen richtigen, wo Blut spritzt und mit mindestens zehn Toten. Sonst ist nichts! Wenn ich tot bin, ist es völlig egal, ob ich Französisch gelernt habe oder nicht!" – Ein Satz kommt immer wieder: „Ich mache nur noch, was ich will und zwar haarscharf genau, wie ich will. Und wer mir in die Quere kommt, den mache ich fertig!" Er unterstreicht das mit einer entsprechenden Handbewegung. Auf meine Frage, ob er jetzt von zu Hause ausziehe, wenn er in der Lehre sei, kommt ein entschiedenes „Nein". – Ich: „Aber zu Hause hast du doch immer Probleme." – Tobias: „Ich habe keine Probleme; die Eltern machen sich Probleme! Die nehmen alles viel zu ernst. Die sind doch selber schuld. Wenn sie einen Fehler machen, müssen sie halt in Kauf nehmen, wenn ich ihnen etwas kaputt schlage. Mir ist das egal. Mein System funktioniert. Was will ich mehr. Ich bin gern zu Hause!"

Während dieser schwierigen Zeit suchen die Eltern mehrfach nach Hilfe bei der Schulbehörde und beim Pfarrer. Sie gehen zu einer Psychologin. Aber nach rascher Besserung folgt jeweils der blitzartige Absturz.

Schliesslich ist es Tobias möglich, nach Abschluss des letzten Schuljahres eine Schreinerlehre anzutreten, allerdings in einer Schreinerei, welche so weit von zu Hause weg ist, dass er nur übers Wochenende nach Hause kommen kann. Er wohnt jetzt bei seinem Chef im gleichen Haus. Und jetzt tritt das Erstaunliche ein: An dem neuen Ort verhält sich Tobias völlig normal. Bis aufs Aufstehen am Morgen haben seine Pflegeeltern keine Schwierigkeiten mit ihm. Für seine Mutter ist dieses Verhalten unbegreiflich. Sie erlebt dies als demütigend.

Theorie:
Was treibt Tobias zu seinem rabiaten Verhalten zu Hause und zu seinem umgänglichen Verhalten in der Fremde?

Tobias hat schon als Kleinkind erfahren, dass er von den Erwachsenen nur dann Zuwendung erzwingen kann, wenn er eine Leistung erbringt. Weil ihm positive Leistungen oft nicht möglich waren, hat er schnell entdeckt, dass er durch negatives Verhalten viel schneller und länger Zuwendung erzwingen kann. Negative Zuwendung zwar, aber immerhin Zuwendung.

So hat sich folgendes Weltbild bei ihm geformt:

Zuwendung kann man nur durch Leistung erzwingen. Wenn schon nicht positiv, so doch negativ. Daraus folgt zwingend: „Sinn des Lebens ist Macht."

Diese Lebensperspektive hat Tobias zu folgendem Lebensmotto veranlasst:

„Ich bin der Prinz, alles dreht sich um mich!" Denn:
- Der Sinn des Lebens ist Macht!, denn:
- Der Stärkere hat immer recht!, denn:

- Gut ist, was mir nützt!, denn:
- Der andere ist immer schuld!

Und weil Tobias von klein auf mit diesem „Trick" Erfolg gehabt hat, spezialisierte er sich auf diesen. So entwickelte Tobias eine erstaunliche Leistung, leider im negativen Sinn.

Tobias handelt ohne Rücksicht auf Verluste. Sich selber stellt er nicht in Frage. Er hat einfach immer recht nach der Maxime: „Gut ist, was mir nützt!" Seine stärkste Waffe heisst: „Der andere ist schuld." Diese Rücksichtslosigkeit garantiert ihm den schnellen Erfolg. Er geniesst seine absolute Macht.

Er versteht es sogar, diesen Genuss noch zu steigern: Zwischendurch benimmt er sich nett, zuvorkommend und sogar anhänglich, er spielt Karten, schenkt seinem Bruder grosszügig DM 50.– oder gar eine Stereoanlage. Dies allerdings nur, um im günstigen Moment unvermittelt zuzuschlagen. Er ist nicht bereit, die Verantwortung für sein Handeln zu übernehmen. Immer wieder sagt er: „Die anderen sind schuld!"

Den Grundsatz „Der Stärkere hat recht" lernt er aus Filmen und Computerspielen. Wer Macht hat, kann tun, was er will. Das ist schön! Auch hier: Wenn keine Positivmacht, so wenigstens eine Negativmacht. Alles, was Tobias tut, ob „Mensch-ärgere-dich-nicht" spielen, oder einen Stuhl demolieren, alles dient dem einen Zweck: seine Macht zu demonstrieren. Es bedeutet: Ich bin nicht bereit, Verantwortung zu übernehmen.

Das Machtgefühl des Sohnes erzeugt natürlich ein Ohnmachtsgefühl bei der Mutter. Denn gerade durch ihre Überbehütung und durch den in Liebe verpackte, ständige leicht vorwurfsvolle Ton fühlt sich Tobias als Kleinkind behandelt und ständig bevormundet. Das reizt Tobias zu seinen Ausbrüchen.

Man kann dem provozierenden Verhalten von Tobias nur sinnvoll begegnen, wenn einem folgendes bewusst ist: Seine Aggression ist ein Hilferuf. Tobias befindet sich in einer Notlage, in einem Verhaltens-Gefängnis, in einem Teufelskreis, aus dem er nicht herauskommt. Jeder Mensch, auch Tobias möchte gerne ein angenehmer Kerl sein. Auch Tobias möchte gern gesehen sein, auch Tobias möchte als Gleichwertiger in der Gruppe akzeptiert sein. An seinem Arbeitsplatz gelingt ihm dies, zu Hause nicht. Die weichen Du-Botschaften seiner Eltern bringen ihn zum Explodieren. In Wirklichkeit ist Tobias mit sich selber nicht zufrieden. Er fühlt sich in seiner eigenen Haut nicht wohl. Deshalb schlägt er blind um sich.

Welches Verhaltensmuster wäre für Tobias Hilfe?
Kinder wünschen konsequente Eltern, Kinder wünschen Leitplanken.

Kinder wünschen aber auch Eltern, die nicht ständig reklamieren, korrigieren und bemuttern.

Das freche Verhalten von Tobias ist eine Art Missachtungs-Bezeugung gegen seine schwache Mutter. Die Achtung vor ihr würde steigen, wenn die Mutter für sich einen Entschluss fassen würde, z. B.: „Ich bin nicht mehr bereit, mir von dir unflätige Bemerkungen oder Beschimpfungen anzuhören und habe mich deshalb entschlossen ...

Es gilt, mit Tobias „aufbauende Gespräche" zu führen, welche sein Selbstwertgefühl stärken. Tobias wird sich erst öffnen, wenn er absolut sicher ist, dass er für den Mut seiner Offenheit keine Vorwürfe einstecken muss, sondern dass er Verständnis erfährt. In dieser Atmosphäre der Annahme wird Tobias beginnen, über sein Weltbild, über seine Lebensgestaltung zu reden. Eines Tages wird sich seine Sicht um 180 Grad gedreht haben, und Tobias wird eine völlig andere Perspektive vor sich haben.

Um meine Vorstellung von Änderungsbereitschaft etwas anschaulicher zu machen, versuche ich die Situation von Tobias durch ein Bild darzustellen:
Nehmen wir an, Tobias fühle sich in einem Zimmer eingeschlossen, und er probiere alles, um auszubrechen. Er entdeckt an einer Wand eine Reihe von Fenstern. Nun versucht er, eines zu öffnen. Es gelingt ihm nicht. Systematisch beginnt er in der linken Ecke und probiert es bei jedem einzelnen Fenster. Erfolglos: Alle sind zu. Nun wendet er Gewalt an. Mit einem Brecheisen reisst er die Verankerungen eines Fensters

heraus und kann sich so durch einen Spalt ins Freie quetschen. Diese Umständlichkeit bleibt, denn der Hausbesitzer repariert die Fenster sofort wieder. Deshalb muss Tobias jedesmal und immer wieder etwas kaputt machen, wenn er in „seine" Freiheit will.

Eines Tages setzt sich Tobias auf einen Stuhl. Es ist ein Drehsessel. Tobias lässt sich im Kreise drehen. Als der Stuhl wieder in Ruhe ist, sitzt Tobias mit dem Rücken gegen die Fenster, und vor sich sieht er eine Wand und eine Türe, die er noch nie bemerkt hat. Er geht langsam auf die Türe zu, und siehe da: Er kann sie mühelos öffnen. Ohne Schwierigkeiten verlässt Tobias sein (vermeintliches) Gefängnis. Er fühlt sich frei.

Wie wurde das möglich? Tobias hat seine Blickrichtung um 180 Grad geändert und auf diese Weise die Türe entdeckt, die schon immer da gewesen ist. Es ist anzunehmen, dass Tobias sein Zimmer nie wieder auf dem umständlichen Weg, durch ein verschlossenes Fenster wählen wird. Denn durch eine offene Türe zu gehen, ist angenehmer.

Die innere Wandlung bei Tobias:
Es gibt nur eine einzige Motivation, die einen Menschen veranlasst, sein Verhaltensmuster zu ändern: Nämlich die Überzeugung, dass ihm das neue Verhaltensmuster Vorteile bringt. Dieser Grundsatz spielt auch bei Tobias eine bedeutende Rolle. Dieses Verhaltensmuster soll man ihm aber nicht allein durch Worte deutlich machen, sondern vor allem durch eigenes Vorleben beispielhaft nahebringen. Durch das ruhige, aber konsequente Verhalten der Eltern wird das alte Verhaltensmuster von Tobias langsam wirkungslos. Die immer besseren vorwurfslosen Gespräche der Eltern mit ihrem Sohn machen seine Angst vor Vorwürfen und Zurechtweisungen überflüssig. Tobias erlebt immer stärker, dass man ihn ernst nimmt und als gleichwertigen Mitmenschen schätzt. So erlebt er die Vorteile des neuen Verhaltens. Tobias beginnt sich zu verändern.

Tobias hat erst jetzt als Jüngling erfahren, dass man Zuwendung nicht erzwingen kann. Erst durch die neue Grundhaltung der Eltern hat er erfahren, dass man ihn nicht wegen seiner Leistung, sondern einfach als Mensch gern hat. Sein Blickwinkel hat sich geändert, und dadurch entsteht nach und nach eine Verhaltensänderung.

Früher hiess seine Weltsicht: „Sinn des Lebens ist Macht!" – Nun aber wird sich seine Weltsicht, sein Blickwinkel um 180 Grad verändern und seine neue Lebensperspektive wird heissen:

Sinn des Lebens ist es: „Den Mitmenschen gleich hoch zu achten, wie sich selbst."
– Nicht nur für sich, sondern auch für andere dasein.
– Stärker als Macht ist wahres Verstehen.
– Gut ist, was allen gleichermassen nützt.
– Ich habe den Mut, zu meiner Schuld zu stehen.

Bis zu dieser Lebenshaltung ist noch ein langer Weg. Doch die Geduld lohnt sich.

Wirksame Hilfe für Tobias heisst: a) Verstehen *und* b) Festigkeit.

a) Verstehen
In „Gesprächen danach" – gemeint sind Gespräche nach Tobias Wutanfällen – wird die Mutter oder der Vater versuchen, die Gefühlslage von Tobias, seine Notsituation zu umschreiben, zu erfassen und zu verstehen.

b) Festigkeit
Die Eltern bestimmen gemeinsam, welche Grenzen wo zu setzen sind, und diese werden dann „ohne Diskussion", also ohne „Wenn und Aber" eingehalten.

Wir fassen zusammen:
Kinder wünschen Leitplanken/Grenzen,
Kinder wünschen konsequente Eltern,
Kinder wünschen Eltern, die sie ernst nehmen.

Wie könnte ein *Gespräch danach* mit Tobias in der *Verstehenden Grundhaltung* aussehen?

Tobias verlangt von seiner Mutter, ihn mit dem Auto ins nächste Dorf zu einem Fussballspiel zu fahren. Die Mutter antwortet: „Ich habe keine Zeit. Du findest bestimmt einen Kollegen, der dich mitnehmen kann." – Tobias donnert: „Du musst mich mit dem Auto zum Fussballplatz fahren!" – Die Mutter noch einmal: „Ich kann nicht, ich bekomme jetzt Besuch."

Da nimmt Tobias einen Stuhl und schlägt ihn derart stark zu Boden, dass ein Bein bricht. Tobias schreit: „Entweder du fährst mich jetzt zum Fussballplatz, oder ich mache einen zweiten Stuhl kaputt!" – Daraufhin fährt ihn die Mutter.

Der Vater holt noch am gleichen Abend ein Offerte eines Schreiners ein, schreibt eine Rechnung mit seinem eigenen Briefkopf (der Vater hat ein eigenes Geschäft). Er legt die Rechnung beim nächsten Mittagessen Tobias in den Teller. Beim Anblick der Rechnung wird Tobias wild und zerreisst die Rechnung und ruft. „Den Stuhl bezahle ich nicht! Ihr seid schuld! Ich musste den Stuhl ja kaputt schlagen, sonst hätte mich die Mutter nicht zum Sportplatz gefahren! Es ist ihre Schuld!"

Der Vater wartet in Ruhe den Anfall ab. Dann sagt er: „Du musst eine schöne Wut auf deine Mutter haben." – Tobias: „Gar nicht. Aber wenn sie nicht macht, was ich sage, muss sie halt die Folgen tragen. Da kann ich nichts dafür."

Der Vater: „Du bist also der Meinung, dass alles genau nach deinem Kopf gehen muss." – Tobias: „Natürlich!" – Der Vater: „Und ich sage dir: Ich bin nicht mehr bereit, einen Nachteil auf mich zu nehmen, nur weil du etwas mit Gewalt durchsetzen willst." – Tobias: „Du musst einfach, wenn ich will! Alles andere ist mir egal!" – Der Vater: „Du bist also der Auffassung, es sei richtig und normal, dass wir bei uns so mit Macht und Gegenmacht umgehen." – Tobias: „Nein, das meine ich nicht. Das ist nur so, weil mir immer Unrecht geschieht. Ihr habt Florian (den zwei Jahre jüngeren Bruder) einfach lieber, als mich. Wenn ihr mich (ge)recht behandeln würdet, würde ich zu euch auch (ge)recht sein!"

Der Vater: „Du fühlst dich von uns ungerecht behandelt." –

Tobias (aus tiefster Seele): „Ja, genau!" – Der Vater: „Und weil du dich deshalb „ringsherum" nicht wohl fühlst, muss irgend etwas passieren, z. B. Holz brechen." – Tobias (schon etwas gedämpfter): „Ja, sonst komme ich ja nicht zum Sportplatz."

Der Vater: „Aber viel mehr als die Fahrt ins nächste Dorf beschäftigt dich, dass wir anscheinend Florian lieber haben als dich." – Tobias schweigt und schaut mit gesenktem Kopf und verkniffenem Mund zum Vater hinüber. – Der Vater: „Also, hier habe ich ein Stück Papier, und jetzt sammeln wir alles, aus dem hervorgeht, dass wir Florian lieber haben."

Erstaunlicherweise bleibt Tobias sitzen. Der Vater beginnt mit der Sammlung, und jedesmal, wenn Tobias nickt, notiert der Vater das Argument. Schliesslich trägt sogar Tobias ein Argument bei.

Der Vater: „Und jetzt schreiben wir auf der anderen Seite, wie du gerne hättest, dass wir mit dir umgehen sollten." – Jetzt richtet Tobias ein erstaunliches Wort an seinen Vater: „Jetzt gefällt es mir schon besser."

Diese Sammlung läuft etwas mühsam, weil Tobias keine Übung darin hat, seine Gefühle und Bedürfnisse zu formulieren. Die Geduld der Eltern wird sich lohnen.

P. S.: Natürlich liegt am nächsten Tag eine neu geschriebene Rechnung samt Einzahlungsschein im Teller von Tobias. Diesmal hat er sie schweigend an sich genommen.

Zur Zeit der Fertigstellung dieses Buches habe ich mich nochmals informieren lassen: Tobias macht die Schreinerlehre ohne Schwierigkeiten. Die kleineren und immer selteneren Wutausbrüche lassen die Eltern stoisch über sich ergehen. Gegen seine Mutter wird Tobias immer aufmerksamer und liebevoller.

Viele möchten gerne Kinder haben.
Nicht immer ist es leicht, sie gern zu haben.
Wie schwer, sie wirklich gern zu haben.

wapa

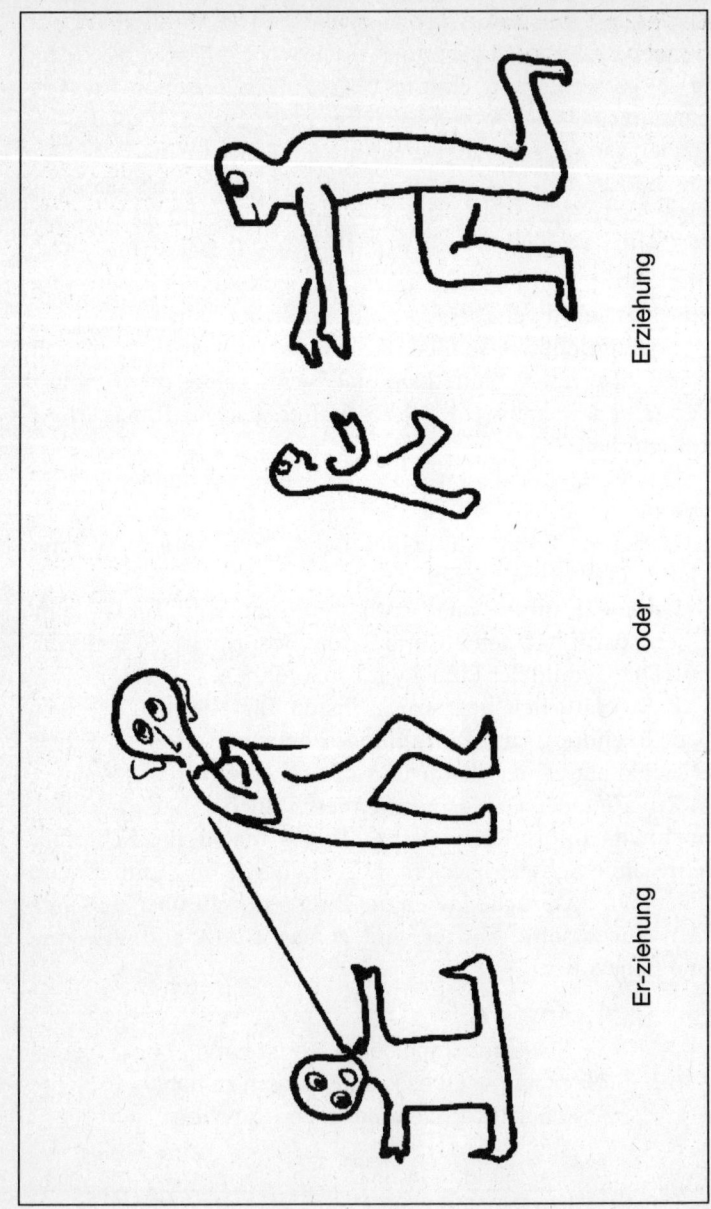

20. Tägliches Zähneputzen – oder mit Phantasie geht manches besser

Zum Abendessen ist Besuch da. Das Essen geht dem Ende entgegen. Der siebenjährige Alessandro hat sich schon längst verzogen. Der Vater ruft ins Kinderzimmer: „Wenn du im Bett bist, komme ich fürs Gute-Nacht-Geschichtchen. Sind deine Zähne schon geputzt?" – Aus dem Kinderzimmer tönt ein Nein.

Vater: „Also marsch, Zähne putzen!" – Nach 15 Minuten: „Was machst du so lange im Badezimmer?" – Alessandro: „Ich muss noch die Malpinsel auswaschen. Du hast gesagt, ich dürfe sie nicht liegen lassen."

Vater: „Also, wasche sie fertig aus und dann ab ins Bett! Und deine Zähne, sind die geputzt?" – Alessandro ruft „Ja, und ich bin im Bett! Kommst du jetzt, die Geschichte erzählen?" – Der Vater geht ins Kinderzimmer und sagt: „Zeig mir deine Zähne! – Das nennst du geputzt? Das ist ja der reinste Gemüsegarten! Raus aus dem Bett und Zähneputzen!" – Alessandro gehorcht widerwillig und jammert vor sich hin. – Der Vater geht mit, und während er die Zähneputzerei kontrolliert, sagt er zu Alessandro: „Mit dir ist es zum Verrücktwerden! Warum muss denn jeden Tag das gleiche Theater sein?"

Endlich im Bett fragt Alessandro: „Wie heisst die Geschichte?" – Vater: „Jetzt habe ich keine Lust mehr für eine Gute-Nacht-Geschichte!" – Da beginnt Alessandro zu heulen und sagt: „Die hast du mir versprochen, die hast du mir versprochen!" – Der Vater, nach einigem Hin und Her: „Also dann, wenn es halt sein muss?!?"

So ist der Vater täglich der Verlierer.

Warum sollte Alessandro sein Verhalten auch ändern? Er kann täglich seine Macht geniessen; täglich den Vater zwingen, sich mit ihm zu beschäftigen. Das ist ein schönes Gefühl!

Wie könnte sich die Zähneputzerei angenehmer abspielen? Das Nachtessen geht dem Ende entgegen. Alessandro ist schon längst vom Tisch weg. Da ruft der Vater ins Kinderzimmer: „Alessandro, es ist Zeit, um ins Bett zu gehen." – Keine Antwort. Doch nach einigen Minuten kommt Alessandro ins Esszimmer mit zwei Zahnbürsten, in jeder Hand eine.

Da sagt der Vater zu den Gästen: „Entschuldigt mich für einige Augenblicke. Wir Männer gehen jetzt Zähneputzen." – Nun marschieren Vater und Sohn, beide mit erhobener Zahnbürste ins Bad. Wo ist eigentlich das Problem mit dem Zähneputzen geblieben?

Worin besteht die Wirkung?
1. Durch das Mitmachen des Vaters fühlt sich Alessandro auf die gleiche Ebene, wie seine Eltern gehoben.
2. Das Zähneputzen wurde von Anfang an nie negativ belegt. Meistens ist das Zähneputzen negativ belegt: „Man muss einfach Zähneputzen!" – Dies ist nicht so schlimm. Mit etwas Geduld kann man diese Negativprägung umpolen. Es fallen nur noch positive Sätze, wie: „Es ist ein schönes Gefühl, mit so sauber geputzten Zähnen ins Bett zu gehen." – „Ich geniesse es, wenn die Zähne so schön glatt sind und nicht wie Schmirgelpapier." – „Ah, ein Kuss mit frisch geputzten Zähnen. Das schmeckt!" Oder ähnliches.
3. Etwas spielerische Phantasie, und es geht alles viel leichter. Markus, dem Vater, war es klar: Mit Positivprägung geht es einfacher. Irgendwann hat er gesagt: „Alessandro, ich habe eine Idee: Wir putzen uns gemeinsam die Zähne. Zuerst wir Männer, dann die Frauen." Und siehe da, Alessandro ist darauf eingestiegen. Und wenn nun Besuch da ist, ist diese Abmachung besonders interessant: Zähne putzen ist viel wichtiger als der Besuch! Papi und ich machen etwas zusammen.

Jeder Mensch ist ganz Mensch, auch ein Kind.
Jeder Mensch ist nur ein Mensch, auch die Eltern.

wapa

---

21. Was meinem Sohn nicht alles einfällt!

Die Mutter schickt ihren fünfjährigen Sohn Kim in die Drogerie. Nun bringt Kim nicht nur die gewünschten Sachen heim, sondern auch noch einen jungen Dackel. Die Mutter muss zuerst tief Luft holen, bevor sie sagen kann: „Wo hast du denn den Hund her?" – Kim: „Der war vor der Drogerie angebunden." – Mutter: „Aber du kannst doch nicht einfach ein fremdes Tier losbinden und mit nach Hause bringen!" – Kim: „Aber der hat mich doch so gerne, der lässt sich gerne streicheln von mir, und als ich weggehen wollte, hat er mir nachgejault. Da musste ich ihn einfach mitnehmen!"

Die Mutter: „Das musst du nicht! Du bringst den Hund jetzt sofort zurück, zu der Person, welcher dieser Hund gehört, verstehst du?!" – Kim: „Aber diese Person ist doch schon längst weg! Und wenn ich den Hund dort einfach wieder anbinde, verhungert er ja. Und er hat Sehnsucht nach mir! Mami, bitte, bitte, ich will den Hund behalten."

Da sagt die Mutter mit fester Stimme: „Erstens gehört uns das Tier nicht, und zweitens will ich überhaupt kein Tier im Haus!" – Kim reagiert nicht und spielt mit dem Hund weiter.

Die Mutter überlegt einen Moment, was zu tun ist. Dann hat sie sich entschieden. Mit festem Griff nimmt sie den Hund an der Leine. Als sie sich in Richtung Türe bewegt, beginnt ein Geschrei: „Ich will den Hund, ich will den Hund!" – Doch es nützt Kim nichts. Die Mutter verlässt die Wohnung und geht mit dem jungen Dackel zurück zur Drogerie.

Als sie nach Hause kommt, findet sie einen völlig verweinten Kim vor. Den ganzen Abend bleibt er bockig.

Wie könnte das Gespräch positiver verlaufen?
Identifikation mit dem Hund.

Kim kommt mit einem jungen Dackel nach Hause. – Die Mutter: „Den würdest du jetzt am liebsten gleich behalten." – Kim: „Ja genau, der ist so herzig!"

Die Mutter setzt sich auf den Boden zwischen Kim und den Hund und beginnt zu phantasieren: „Kim, stell dir einmal vor:

Ihr beiden spielt jetzt, wie zwei kleine Kinder. Plötzlich bekommst du Hunger. Du rennst zu mir heim und sagst: Mami, ich will etwas zu Essen. Der Dackel bekommt auch Hunger. Er will zu seinem Herrchen laufen, aber oh weh. Wo ist sein Herrchen? Er kann es nicht finden. Jetzt ist er traurig und möchte sich gerne in seine Hundehütte verkriechen wie du in Dein Bettchen. Aber der Dackel findet auch seine Hundehütte nicht. Alles ist anders. Und dann wird der Dackel zu jammern anfangen. Denn der Hund möchte gerne dort sein, wo er sich zu Hause fühlt, genau so wie du bei uns.

„Was können denn wir beide tun, dass der Dackel und sein Herrchen wieder zusammenkommen?"

Identifikation mit dem Besitzer.
Kim kommt mit einem jungen Dackel nach Hause. – Die Mutter: „Den würdest du jetzt am liebsten gleich behalten." – Kim: „Ja genau, der ist so herzig!"

Die Mutter: „Jetzt bekomme ich ein Problem. Einerseits würde ich dir schon ein Tier gönnen. Es freut mich auch, dass Tiere so gerne zu Dir kommen. Andererseits hat aber der Hund einen Besitzer. Der sucht jetzt den Hund überall. Der Besitzer bekommt schrecklich Angst. Er denkt, der Dackel hat sich verlaufen – oder der Hund ist unter ein Auto gekommen – oder Diebe haben ihn gestohlen. Der Besitzer ist schon ganz verzweifelt. Sein Dackel ist einfach nirgends, und weil er ihn nicht findet, telefoniert er der Polizei. Und dann sucht die Polizei mit einem Schäferhund überall. Und irgendwann kommen sie dann zu uns, und wenn sie sehen, dass du den Hund hast, bekommen wir beide eine Strafe. Denn wenn wir den Hund behalten, ist das gestohlen." – Kim schaut ganz verwundert. So etwas hat er noch nie gehört. Jetzt muss er zuerst einmal nachdenken. – Pause. – Dann sagt die Mutter: „Was können wir machen, dass der Dackel und sein Herr sich so schnell wie möglich wieder finden?"

Kim sagt auffallend schnell: „Wir müssen sofort zurück in die Drogerie und dort fragen." – Die Mutter: „Das ist gut!" – Kim: „Aber du musst mitkommen! Ich habe Angst, diese Geschichte alleine dem Verkäufer zu erzählen." – Mutter: „Also gut, ich komme mit."

> FREIRAUM gewinnen.
> FREIRAUM gewähren.
> Das geschieht mit „Helfen durch Verstehen".
>
> wapa

Der Opa schimpft immer

Die Mutter zur neunjährigen Ingrid: „Heute nachmittag kommt der Opa zu uns. Aber diesmal wirst du dich anständig verhalten, oder willst du ihn wieder so böse machen, wie das letzte Mal?" – Ingrid: „Der ist selber schuld. Er muss nicht immer an mir herumkritisieren!" – Die Mutter: „Also ich will heute nachmittag einfach keine schlechte Stimmung. Verstehst du?!" – Ingrid schweigt.

Als der Opa da ist, ist Ingrid kurz angebunden, und wenn er etwas sagt, läuft sie einfach davon und geht in ihr Zimmer. Die Mutter ärgert sich furchtbar. Ein weiteres Gespräch ist von beiden her blockiert.

Wie könnte das Gespräch angenehmer ablaufen?
Die Mutter sagt zu Ingrid: „Heute nachmittag kommt der Opa zu Besuch. Er wird bestimmt wieder an dir herummeckern." – Ingrid: „Ja, das wird er bestimmt. Das gibt wieder einen blöden Nachmittag." – Die Mutter: „Jetzt müssen wir beide aufpassen, dass es keine schlechte Stimmung gibt." – Ingrid: „Aber wenn ich dann wütend bin, kann ich doch nicht etwas Liebes sagen." – Die Mutter: „Was können wir beide machen, dass wir in unserer Wut nichts Falsches sagen?" – Pause.

Plötzlich sagt Ingrid: „Wir setzten den Panda-Bär oben auf die Türkante. Und wenn der Opa fragt, was das soll, dann sagen wir: „Er winkt uns zu und sagt uns, wir sollen uns nicht ärgern." – Die Mutter: „Das ist eine lustige Idee. Das machen wir!" – *Während des Besuches sind einige „verschmitzte" Blicke zwischen Ingrid und Mami und dem Panda-Bär hin- und hergegangen.*

> Was nützt mir alles Geld und Gut,
> wenn mein Liebster schimpfen tut.
>
> wapa

22. Das Dreirad und der Kieshaufen

Der dreijährige Pierre ist stolzer Besitzer eines Dreirades. Eines Tages geht Mutter mit Pierre samt Dreirad zur Post. Während die Mutter ins Haus geht, dreht Pierre auf dem Platz vor der Post einige Runden. In der Ecke erblickt er einen grossen Kieshaufen des Tiefbauamtes. Das reizt Pierre. Er probiert seine Fahrkünste aus: Bei jeder Runde etwas höher auf den Kieshaufen. Jetzt hat er schon einen ganz raffinierten Kunstbogen herausgefunden. Aber genau in dem Augenblick, da die Mutter wieder aus der Post kommt, passiert es. Pierre kippt um!

Die Mutter kommt schimpfend gerannt, stellt den Kleinen auf die Füsse und klopft ihm mit unsanfter Hand den Sand ab. Pierre brüllt wie am Spiess. Die Mutter packt ihn mit der rechten, das Dreirad mit der linken Hand und während des Weggehens schimpft sie: „Keine fünf Minuten kann man dich alleine lassen! Was dir nicht alles einfällt. Man fährt doch nicht in einen Kieshaufen hinein! Den hast du doch gesehen! Schau einmal, wie du schon wieder aussiehst! Das nächste Mal wirst du zu Fuss mitkommen, verstanden?"

Was ist abgelaufen? – Pierre unternimmt, an nichts Böses denkend, eine Gleichgewichtsübung. Das Kind probiert seinen Körper aus. Das ist für sein Leben wichtig. Sein Handeln ist lebensbejahend.

Schade nur, dass es für die Mutter Nachteile bringt: Kleider waschen, vielleicht eine Schramme verarzten und ähnliches.

Die Mutter schimpft also nicht, weil Dreiradfahren schlecht ist, sondern egoistischerweise, weil sie persönliche Nachteile hat.

Wie könnte diese Szene angenehmer bewältigt werden? Beginnen wir wieder gleich: Pierre hat bereits einen ganz raffinierten Kunstbogen herausgefunden. Aber genau in dem Augenblick, da die Mutter wieder aus der Post kommt, passiert es. Pierre kippt um!

Die Mutter kommt heran und schaut sich die Situation an. Pierre liegt am Boden, schaut zur Mutter rauf und weiss nicht, ob er lachen oder weinen soll. Die Mutter sagt: „Da hast du ja einen Sturz fabriziert, wie ein richtiger Rennfahrer! Hast du dir weh getan?" Pierre rappelt sich auf, während die Mutter ruhig daneben steht.

Dann sagt Pierre: „Bis jetzt ist es immer gegangen. Dies ist das erste Mal, dass ich umgefallen bin." – Mutter: „Und du weinst gar nicht. Wie ein richtiger Rennfahrer! Jetzt machen wir dich zuerst einmal sauber." – Mutter und Sohn putzen an den Kleidern. Dann geht's heimwärts. Zu Hause bemerkt die Mutter, dass an der neuen Jacke zwei Knöpfe fehlen. Sie sagt: „Beim Umfallen sind zwei Knöpfe abgerissen. Die sind jetzt weg! Wie bringst du jetzt wieder zwei Knöpfe an die schöne Jacke? Ich habe sie nicht abgerissen. Dann muss ich sie doch auch nicht annähen, oder? Wer näht jetzt die Knöpfe an?" – Pierre sieht die Mutter an und sagt ganz leise: „Ich kann doch keine Knöpfe annähen." – Mutter: „Dann werde ich es für dich tun." – Pierre kommt auffallend schnell und gibt Mami einen Kuss. – Dann sagt die Mutter: „Was können wir beide tun, dass du Velokunststücke ausprobieren kannst, und ich danach nicht deine Jacke flicken muss?" – Die Mutter nimmt ein Stück Papier und schreibt die Ideen auf, welche sie gemeinsam sammeln.

Probleme lösen sich nicht, weil man sie erkannt hat, sondern weil sich der Betroffene verstanden fühlt.

wapa

23. Beat und das Internat

Der 14jährige Beat kommt mit schlechten Noten heim. Es ist so gut wie sicher, dass er die Klasse wiederholen muss. Die Eltern wollen ihm und sich selber dies ersparen. Ja, sie sind überzeugt, dass Beat intelligent genug wäre, das Gymnasium absolvieren zu können. Leider ist er ein Minimalist und lässt sich allzuleicht von Kollegen ablenken.

Aus dieser Tatsache haben die Eltern den Schluss gezogen, Beat müsse nur in eine andere Umgebung, und er müsse eine bestimmte Zeit von seinen Kollegen weg. In einem Internat, so meinen sie, wären diese Voraussetzungen gegeben.

Doch Beat will nicht.

Die Eltern versuchen, Beat mit positiven Gesprächen, mit Drohungen, mit Versprechungen und allem Möglichem umzustimmen. Der Vater beginnt: „Jetzt nimm doch Vernunft an! Die Internatslösung ist in der jetzigen Situation wirklich die beste Lösung. So musst du das Schuljahr nicht wiederholen. Du gewinnst ein ganzes Jahr!

Beat mit verstockter Mine: „Nein, ich gehe nicht ins Internat!" – Der Vater: „Aber jetzt sag einmal, warum willst du lieber ein Jahr verlieren, als in ein erstklassiges Institut zu gehen? Warum?" – Beat schweigt beharrlich. – Der Vater bleibt dran und fasst nach: „Im übrigen, du könntest ein vorzüglicher Schüler sein, wenn du dich nicht immer so schnell ablenken lassen würdest. Überlege dir, ohne Matura sind dir alle guten Wege versperrt. Zu einem erfolgreichen Leben gehört einfach die Matura. Wenn du gut bist, kannst du einmal in mein Geschäft einsteigen. Aber da musst du dich jetzt etwas dahinterklemmen. Von Saxophon- und Schlagzeugspielen hast du später nichts. Mir gefallen die Typen sowieso nicht, mit denen du da verkehrst. Ein Tapetenwechsel würde dir bestimmt gut tun."

Jetzt wird Beat lebendig. Sich ereifernd sagt er: „Was hast du gegen meine Kollegen? Die spielen alle klasse! Wir machen da gute Musik." – Der Vater: „Musik? Was ihr macht, ist organi-

sierter Lärm!" – Beat: „Du verstehst eben nichts von Musik."
– Der Vater will schon sagen: „Werde ja nicht frech!" Er hält sich aber zurück und sagt: „Im Leben kann man eben nicht nur diejenigen Dinge tun, die man gerne tut. Es gilt immer noch: Zuerst die Arbeit, dann das Spiel!" – Beat: „Immer die gleichen alten Sprüche! Dir fällt auch nichts Gescheiteres mehr ein!"

Der Vater ist kurz vor dem Verzweifeln: „Du sperrst dich blindlings gegen alles! Das können wir auf keinen Fall akzeptieren. Wenn du nicht freiwillig gehst, müssen wir dich halt dazu zwingen. Du wirst uns für unsere heutige Festigkeit später dankbar sein." – Beat: „Wenn ich gezwungen werde, gegen meinen Willen in ein Internat zu gehen, fühle ich mich von dir versetzt und für deinen Ehrgeiz missbraucht. Du kannst Gift drauf nehmen: Im Internat werde ich mich so lange querlegen, bis die mich wieder rausschmeissen. Lange bleibe ich dort nicht!"

So gehen alle Gespräche erfolglos zu Ende. Den Eltern ist das störrische Verhalten von Beat völlig unverständlich. Was soll das alles bedeuten? Zwingen sie ihn, wirft er ihnen Machtmissbrauch vor. Lassen sie ihm alles durch, haben sie Angst, es könne mit Beat schief gehen. Worin liegt denn eigentlich die Schwierigkeit in den Gesprächen mit Beat?

Theorie:
Macht:
Die Eltern stehen vor der Entscheidung: Zwingen oder nachgeben. Macht oder Ohnmacht. Zwingen sie Beat kraft ihrer „Elterlichen Gewalt", behandeln sie den Jungen als Gegenstand, als ihren Besitz, über den sie nach Belieben verfügen können. Beat wird eine Gegenmacht aufbauen. Geben sie nach, fühlen sie sich Beat gegenüber ohnmächtig, als Verlierer. Welcher Mechanismus liegt dahinter verborgen?

Vater und Sohn verkehren nach dem Prinzip von Macht und Gegenmacht miteinander. Will der Sohn nicht, zwingt der Vater. Zwingt der Vater, greift der Sohn zur Gegenmacht. Das wiederum zwingt den Vater zu härterem Durchgreifen. Als Reaktion verhält sich Beat so, dass er aus dem Internat fliegt.

Und so dreht sich die Spirale der Macht. Obwohl gut gemeint, besteht obiges Gespräch aus zwar wohlgemeinten, aber doch aus Vorwürfen. Vorwürfe aber sind Du-Botschaften. Du-Botschaften aber sind wirkungslos. Hier – Beat verschliesst sich und sagt nichts.

Verstehen:
Nun heisst ja unsere wichtigste Regel: Die Änderungsbereitschaft beginnt erst, wenn sich das Kind verstanden fühlt. So lange den Eltern das Verhalten von Beat rätselhaft erscheint, fühlen sich die Eltern ohnmächtig und Beat nicht verstanden. Mit AZ (Aktivem Zuhören) ist es möglich, die wahren Beweggründe seines eigenartigen Verhaltens herauszufinden, wie wir im anschliessenden, „verstehenden" Gespräch sehen werden.

Solange Beat das Gefühl hat, die Eltern interessieren sich nicht für ihn als Mensch, nicht für seine Bedürfnisse und seine Wünsche, sondern nur für die Beseitigung ihrer eigenen Schwierigkeiten, nämlich die Blamage, einen Sohn zu haben, der sitzenbleibt, solange wird sich Beat quer legen.

Beat wird seine wahren Gründe erst sagen, wenn er sicher ist, dass er im Gespräch ernstgenommen wird und sich keine Vorwürfe anhören muss. Ernst genommen fühlen heisst nicht, dass der Sohn machen kann, was er will, sondern es bedeutet, möglichst viel Gelegenheiten wahrzunehmen, mit Beat vernünftige Gespräche zu führen, z. B.: über das Thema: „Musik und Beruf". Während der Pubertät müssen wir den Kindern sowieso zugestehen, Spass an Hirngespinsten haben zu dürfen. Sie vergehen ebenso schnell, wie sie kommen.

Gemeinsame Tätigkeiten:
Ein verborgener Hintergrund für all die komischen Verhaltensweisen der Kinder ist das Bedürfnis, mit den Eltern etwas Gemeinsames zu machen. Leider sind solche Kontakte meist negativer Art. Deshalb gilt es: „Schwierigkeiten sind dankbare Gelegenheiten, um mit dem Kind in ein aufbauendes Gespräch zu kommen".

Wie könnte ein Gespräch zwischen Vater und Sohn angenehmer und erfolgreicher verlaufen?
Der Vater: „Du bist also mit unserem Vorschlag gar nicht einverstanden?" – Beat: „Ganz und gar nicht! Ich lasse mich nicht zwingen!" – Der Vater: „Du fühlst dich von uns fremdbestimmt, ja sogar vergewaltigt." – Beat: „Ganz genau. Ich muss immer machen, was ihr wollt, aber was ich will, interessiert niemanden." – Der Vater: „Du willst also grundsätzlich etwas anderes als die Matura und eine angenehme Beamtenlaufbahn." – Beat: „Genau, den ganzen Tag in einem Büro sitzen ist doch das Allerletzte. Dann lieber gleich ganz tot!

Ich will Musiker werden. Mit dem K. und dem B. sind wir gerade dabei, eine Band zu gründen, nur für Jugendliche, weisst du, nur für Schüler und so." Beat kommt ins Schwärmen: „Jetzt brauchen wir nur noch Geld für die Instrumente und das Mischpult. Dann geht es los!"

Der Vater muss tief schlucken und weiss nicht, ob er heulen oder lachen soll. Schliesslich sagt er: „Aber der K. und der B. sind ja jünger als du. Was willst du mit denen?" – Beat: „Ja schon, aber die spielen beide irre gut! Deshalb will ich sitzen bleiben, damit wir in der gleichen Klasse sind und den gleichen Stundenplan haben. Dann können wir mehr üben!"

Dem Vater bleibt die Luft weg. Wortlos sitzt er da und schaut seinem Sohn mit grossen Augen verständnislos ins Gesicht, bis er schliesslich sagen kann: „Von alle dem habe ich nichts gewusst. Warum hast du uns das alles verschwiegen? Nicht ein Wort hast du gesagt." – Beat: „Du machst dich immer lustig über unsere Musik. Dein immer gleicher Spruch heisst ja: Harter Jazz ist organisierter Lärm. Da sag ich halt nichts."

Nach einer Pause sagt der Vater: „Du hast uns also nichts gesagt, weil du genau gewusst hast, dass ich dich lächerlich machen würde." – Beat: „Ja, ganz genau!" – Der Vater: „Das muss ich erst einmal verdauen. Also: Wenn ich dich richtig verstehe, ist dir im Moment deine Musikband und die Kameradschaft mit dem K. und dem B. wichtiger als alles andere. Darauf willst du auf keinen Fall verzichten. Lieber nimmst du eine Wiederholung der Klasse auf dich."

Beat: „Ganz genau! Ich habe ja schon einmal gesagt: Beamter werden, das ist das Letzte, was ich will. Ich will Musiker werden!" – Der Vater ist immer nahe daran zu sagen: „Schlag dir das aus dem Kopf. Das sind alles Hirngespinste." Doch der Vater entschliesst sich, seinen Sohn ernst zu nehmen und sagt: „Jetzt muss ich zuerst einmal überlegen, was da zu machen wäre."

In den kommenden Tagen sammeln der Vater und der Sohn gemeinsam Unterlagen betreffend Musikausbildung. Beat: „Ja, Konservatorium, das wäre schon toll, aber da braucht es ja die Matura! Das ist schon blöd". – Sie gehen miteinander in das Internat und erkundigen sich, ob es hier ein Orchester gibt und welche Instrumente man da lernen kann. In all den Gesprächen übt sich der Vater in „vorwurfslosem Aktivem Zuhören".

Ja, und wie ging es in diesem Falle weiter? Beat ging ohne weitere Diskussionen ins Internat. Er konnte dort Klavierunterricht nehmen. Und das Thema „Berufsmusiker" war längst vergessen.

Mensch, Kollege!
Wenn wir reden MITEINANDER sind wir wortkarg.
Wenn wir reden GEGENEINANDER sind wir wortreich.
Wenn wir reden ÜBEREINANDER sind wir wortgewaltig.

Gerry Welcher

Männliche Aufmerksamkeit

Das Ehepaar geht heute ins Theater. Madame ist um alles besorgt, gibt sich ein sorgfältiges Make-up und bürstet die Kleider. Monsieur ist bis zum letzten Moment mit geschäftlichen Telefongesprächen beschäftigt. Endlich sind beide fertig. Endlich wird die Wohnungstüre von aussen geschlossen.

Da fällt der Blick von Monsieur erschreckt auf Madame: „Du hast ja dein Nachthemd an!" – Madame: „Endlich merkst du einmal, was ich überhaupt anziehe."

> Die Frage lautet nicht:
> Wieviele Stunden verbringe ich mit meinem Kind?
> Sondern:
> Wie schön und wie angenehm
> empfindet das Kind unsere gemeinsame Zeit?
>
> wapa

24. Willy und der Sinn der Schule

Wie sieht ein vorwurfsloses, problemorientiertes Gespräch in der Praxis aus? Beginnen wir mit einem Negativ- und einem Positiv-Beispiel. Sie sind natürlich beide konstruiert und leicht überzeichnet. Es geht hier nur um das Prinzip.

Der Sohn Willy kommt verärgert aus der Schule nach Hause und schmeisst seine Tasche geräuschvoll in eine Ecke. Er sagt: „Scheiss Schule!" – Der Vater: „Werde nicht so ausfällig. Bei uns redet man anständig." – Willy: „Anständig. Wenn ich das schon höre! Das ist das Letzte von einem Lehrer!" – Der Vater: „Das kannst du nicht beurteilen. Wenn du alle Aufgaben gemacht hättest, wäre der Lehrer ..." – Willy: „Genau! Aufgaben, die kein Mensch versteht! Je länger der Lehrer erklärt, desto weniger verstehen wir die ganze Geschichte!" – Der Vater: „Lass den Lehrer in Ruhe! Du wirst nicht aufgepasst haben." – Willy: „Ist mir egal. Die Schule ist einfach idiotisch!" – Die beiden können noch lange in dieser Weise weiterkommunizieren. Finden werden sie sich nie!

Welche Redeweise hätte denn in solch aufgewühlten Situationen mehr Erfolg? – „Aktives Zuhören" und „Ich-Botschaften".

1. „Aktives Zuhören"
Beim „Aktiv Zuhören" (AZ), versuche ich, die Bedürfnisse und Probleme des andern zu erfassen, wenn möglich so prägnant,

dass sie sogar dem anderen klarer werden. Das Wesentliche am AZ ist: ganz beim andern sein, ganz bei seinen Gefühlen, ganz bei seiner Not. Gelingt dies, fühlt sich der andere verstanden. Dadurch wird er änderungsbereit. Richtiges AZ ist vorwurfslos und deshalb für den andern gut annehmbar.

Warum ist „Aktives Zuhören" für den Anfänger so schwer? – Alle Menschen interessieren sich für sich, nur ich interessiere mich für mich! So könnte man das Durchschnittsgefühl eines Durchschnittsbürgers überschreiben. Tatsächlich braucht das Eingehen auf den anderen mehr Energie als die Beschäftigung mit sich selbst. Deshalb muss man die Hinwendung zu anderen bewusst üben. „Aktiv Zuzuhören" ist anstrengend. Man unternimmt ja den Versuch, hinter den unklaren, oft verschlüsselten Reden des anderen den eigentlichen Beweggrund herauszuhören.

Mit „Aktivem Zuhören" allein kann man natürlich kein Gespräch führen. Eine Mutter kam einmal mit dem Bericht in den Kurs, ihr Versuch vorwurfslosen Verhaltens sei kläglich gescheitert. Nachdem sie den ganzen Abend lang versucht hätte, einfühlend und aktiv zuzuhören, hätte ihr kleiner Sohn gekontert: „Mami, du redest so seltsam!" Und ihr Mann hätte sich sogar zu der Frage veranlasst gefühlt: „Wirst du langsam schwerhörig?" Viele Gespräche werden deshalb schwerfällig und unnatürlich, weil im Übereifer oft versucht wird, zu lange und gründlich „Aktiv Zuzuhören". So kommt das Gespräch ins Stocken.

Deshalb werde ich an einer günstigen Stelle „umschalten" und meine Meinung zum bisher Gesagten äussern. Das tue ich vorteilhaft mit Ich-Botschaften.

2. Ich-Botschaft
Mit der Ich-Botschaft (I-Bo) versuche ich, dem anderen meine Bedürfnisse und meine Probleme zu erklären. Nur so kann er mich „verstehen". Das Wesentliche an der I-Bo ist: ganz bei mir zu bleiben, ganz bei meinem Bedürfnis, bei meinem Problem, ohne leisen Seitenhieb und ohne den anderen zurechtzuweisen. Gelingt dies, wird mich der andere ernst nehmen

und auf meine Argumente eingehen. Richtige I-Bo ist vorwurfslos und deshalb für den andern gut annehmbar.

Das Wort „Ich-Botschaft" hat wenig zu tun mit den Wörtchen „Ich" und „Gefühl". Wenn die Mutter sagt: „Kurt, ich habe das Gefühl, dass du müde bist und jetzt ins Bett gehen solltest.", so ist dieser Satz keine Ich-Botschaft, trotz der Wörtchen „Ich" und „Gefühl". Der Satz ist ein versteckter Befehl, denn die Mutter will etwas von Kurt. Er beinhaltet einen Vorwurf.

Und wenn Vater gar sagt: „Kurt, ich habe das Gefühl, dass ich dir gleich das Dreirad wegnehmen muss", so ist das nur eine schlecht verdeckte Drohung an das Kind.

Versuchen wir das Gespräch noch einmal in der *Verstehenden Grundhaltung*:
Willy: „Scheiss Schule!" (Äussert seine Stimmung.) – Der Vater: „Du bist schön sauer heute." (Versucht die Stimmung von seinem Sohn einzufangen.) – Willy: „Unser Lehrer ist der letzte Mensch!" (Sein Werturteil.) – Der Vater begeht nicht den Fehler, seinen Sohn zu korrigieren, sondern er bleibt ganz bei Willy: „Es ärgert dich also schrecklich, wie der Lehrer mit euch umgeht." (Der Vater versucht die aufgewühlten Gefühle nachzuempfinden.) – Willy: „Genau! Der gibt Aufgaben, die kein Mensch versteht. Und wenn wir ihn dann fragen, gibt er schnippische Antworten." (Durch das „Verstanden werden" öffnet sich Willy langsam und erzählt mehr Einzelheiten.) „Was soll ich denn nur machen? So gehe ich nicht mehr zur Schule!" – Der Vater: „Du hättest gerne, dass der Unterricht interessanter wäre. (Bedürfnis von Willy.) Einerseits wärst du gewillt, die Aufgaben zu machen. Andererseits hindert dich der Lehrer selber daran, weil ihr ihn einfach nicht versteht." (Das Problem von Willy.) – (Auch hier ist die Gefahr gross, dem Sohn zu sagen, was zu tun, und was zu lassen ist.) Der Vater jedoch bleibt standhaft: „Ich verstehe. Durch dein Verhalten willst du erzwingen, dass sich irgend etwas ändert." (Bedürfnis von Willy.) – Willy: „Ja, genau, mir ist es total verleidet! Ich gehe einfach nicht mehr in die Schule!"

Nachdem sich der Sohn in seiner Not verstanden fühlt, kann der Vater „umschalten", das heisst, er beginnt jetzt seine Situation zu beschreiben: „Damit bringst du mich in eine heikle Situation: Einerseits bin ich immer bereit, dir zu helfen, wo immer ich kann. Andererseits könnte ich einem Schulstreik nie zustimmen. (Das Problem des Vaters.) – Willy: „Was soll ich denn dann machen?" (Jetzt wendet sich Willy mit einer Frage an seinen Vater.) Dies ist jetzt der Moment, um ein aufbauendes Gespräch mit seinem Sohn zu beginnen. Bis jetzt hat sich der Vater nichts vergeben. Er hat dem Sohn nicht rechtgegeben, sondern nur Verständnis für seine Situation gezeigt. Der Vater hat sich in der vorwurfslosen Rede geübt.

Der Vater: „Du möchtest anscheinend gerne, dass ich dir helfe. (Bedürfnis des Sohnes.) Ich muss dir aber sagen, Ratschläge werde ich dir keine erteilen. Ich bin aber bereit, mit dir deine Situation genauer zu besprechen. Was könnte man machen, damit du dich in der Schule wohler fühlen könntest?"

Mit dieser Frage leitet Vater das Gespräch in den Lösungsbereich über. Sich jetzt lieber die Zunge abbeissen, als den ersten Vorschlag zu machen. – Willy: „Könntest du nicht einmal mit unserem Lehrer sprechen?" (Sohn macht den ersten Vorschlag.) – Von jetzt an werden beide sachlich über das leidige Problem reden können.

> Wenn ich versuche, wertfrei zu verstehen,
> werde ich Wertschätzung erhalten.
>
> wapa

25. Die Problemlösungsmaschine

Kinder haben fürwahr eine „Fragende Grundhaltung". Kinder können bis zur Erschöpfung fragen: „Mama, warum ist der Mond nicht immer rund? – Mama, wie reden die Fische unter

Wasser? – Warum muss denn unsere Katze nicht schlafen gehen wie ich? – Mama, wo komme ich denn her? – Mama, wo kommst du denn her? – Mama, wo kommt denn Grossmama her? – Mama, wo kommen denn Adam und Eva her? – Mama, wo kommt denn der ‚Liebe Gott' her? – Mama, ...?" – Die Mutter: „Oh, Kind muss denn diese Fragerei sein?"

Achten Sie einmal darauf, wie Sie einfach automatisch antworten. Das Kind hat ein Spiel entdeckt. Sie sind ein Beantwortungsautomat. Oben die Frage rein, unten die Antwort raus.

Für viele Kinder sind die Eltern dazu noch Lösungsmaschinen: „Mama, ich kann die Schuhe nicht binden. – ..., ich bringe den Ärmel nicht aus der Jacke raus. – ..., die Hausaufgaben sind zu schwer. – ... mich kratzt es am Rücken. – ..., die Schublade geht nicht mehr in den Kasten hinein."

Und was macht die Mutter? – Ohne nachzudenken, völlig automatisch, wird das Problem beseitigt. Die Kinder stellen sich die sehr sinnvolle Frage, warum hat der liebe Gott es so eingerichtet, dass jedes Kind Eltern hat? Klar, um seine Probleme zu lösen! Die Praxis beweist die Richtigkeit dieser kindlichen Theorie. Wenn Sie drei oder vier Kinder haben, kann Ihr Lösungsautomatismus eine ganz hektische Angelegenheit werden. Was ist hier zu tun oder nicht zu tun?

Für den Beantwortungsautomaten ein kleiner Hinweis: Drehen Sie das Spiel hie und da um und stellen Sie die Fragen. Die Reaktion ist meistens verblüffend. Auch Kinder fallen auf den Trick rein. Nach einer verdutzten Pause antworten sie ganz brav, und es ist immer amüsant zu verfolgen, auf welche originellen Lösungsideen Kinder kommen können.

Die Frage, welcher wir hier nachgehen, lautet: „Wie muss ich mich verhalten, dass in der Familie nicht nur ich für Lösungen zuständig bin? Was muss ich tun oder nicht tun, dass die anderen Familienmitglieder ebenfalls an gangbaren und befriedigenden Lösungen interessiert sind? Hier ein Beispiel:

Nehmen wir an, die Familie Meier bespricht ihre Ferien. Alle Familienmitglieder zählen ihre Bedürfnisse auf:

Der Vater möchte in den Dolomiten wandern. Die Tochter möchte in Rimini baden, der Sohn möchte gerne in Norwegen zelten und die Mutter besteht darauf, die Ferien in einem Hotel zu verbringen. Die Diskussion um eine optimale Lösung verläuft unbefriedigend. Sämtliche Lösungsvorschläge von den Eltern werden abgelehnt. Wie soll es denn überhaupt eine Lösung geben, wenn jeder andere Bedürfnisse hat? Da nützt doch das schönste Brainstorming nichts! (Brainstorming heisst Gedankensturm.)

Bei genauem Hinsehen entpuppen sich aber diese vermeintlichen Bedürfnisse als Lösungen: Vaters Wandern in den Dolomiten ist die Lösung für sein Bewegungsbedürfnis. Die Badeferien der Tochter in Rimini entspringen dem Bedürfnis nach Tanzen, nach Bekanntschaften und nach einfach, ohne Programm in den Tag hinein leben zu können. Die Idee des Zeltens in Norwegen entspricht dem Bedürfnis nach Abenteuer, wogegen die Beharrlichkeit der Mutter auf Hotelferien ihrem Bedürfnis nach Ruhe und totaler Abstinenz von Haushaltsarbeiten entspringt.

Will ich bei einem Problemlösungsversuch innerhalb akzeptabler Frist zu brauchbaren Lösungen kommen, muss ich die Lösungsvorschläge der Beteiligten zuerst in ihre echten Bedürfnisse zurückverwandeln.

Welche Vorteile hat diese Unterscheidung? Bei Lösungen sind die Variationsmöglichkeiten eingeschränkt: Dolomiten, Rimini, Norwegen etc.

Wenn ich aber die Lösungsvorschläge in die wahren Bedürfnisse zurückverwandle, erkenne ich: Der Vater hat deshalb einen grossen Bewegungsdrang, weil er eine sitzende Arbeit hat, etc. Es eröffnen sich mehrere Möglichkeiten einer Lösung. Man kann ja nicht nur in den Dolomiten wandern und nicht nur in Rimini tanzen und Bekanntschaften machen. Abenteuer gibt es nicht nur in Norwegen, und das Bedürfnis der Mutter nach Ferien von der Hausarbeit ist nicht nur im Hotel zu stillen. Die genaue Abklärung der Bedürfnisse aller Beteiligten ist unerlässliche Bedingung für eine erfolgreiche Lösungsfindung.

Das Sechs-Punkte-Lösungs-Verfahren
Eine gute Hilfe ist das klassische Sechs-Punkte-Lösungs-Verfahren. Es hat sich in Wirtschaft und Industrie bestens bewährt. Es eignet sich auch sehr gut für den Familienkreis (siehe Zeichnung). Allerdings muss man die Reihenfolge der sechs Schritte genau einhalten.

Nehmen wir an, die Familie Meier würde sich also des bekannten Sechs-Punkte-Lösungs-Verfahrens bedienen. So könnten wir sagen: den Anfang haben sie schon ganz gut gemeistert. Sie haben bereits die Lösungsvorschläge (2.) der Beteiligten in Bedürfnisse (1.) zurückverwandelt.

Sie haben alles schön auf ein Papier notiert. Bitte, beachten Sie untenstehende Tafel.

Die sechs Punkte lauten:
1. Bedürfnis und Problemstellung schriftlich notieren.
2. Lösungsvorschläge *wertfrei* sammeln (Brainstorming).
3. Bewertung und Zielsetzung der Lösungen.
4. Lösung wählen.
5. Planen.
6. Resultat prüfen (Evaluation).

Familie Meier also hat vorschnelle Lösungen in Bedürfnisse zurückverwandelt:
Dolomiten in – Bewegungsbedürfnis des Vaters
Rimini in – Bedürfnis nach Tanz und Bekanntschaften
Norwegen in – Bedürfnis nach Abenteuer
Hotel in – Ruhebedürfnis

Nun schreitet Familie Meier zu Punkt 2, zum Brainstorming. Es hat den Nachteil, dass es nur in Gegenwart von Humor erfolgreich sein kann. Denn es beruht auf der Tatsache, dass die Phantasie für neue, originelle Ideen nur beflügelt wird, wenn man die ausgefallensten und dümmsten Sachen einbringen darf, ohne bewertet, ohne verurteilt zu werden. So beginnen die Meiers unbeschwert und Papa schreibt:
– eine Kreuzfahrt im Mittelmeer,

- Bergsteigen am Mount Everest,
- der Vater kauft sich eine Taucherausrüstung und lernt in Rimini tauchen,
- man zeltet im Park eines Hotels und lässt sich von diesem das Essen ins Zelt servieren,
- Vater und Sohn machen eine Höhlenexpedition,
- man kauft sich ein grosses Wohnboot und fährt damit durch die Kanäle in Norddeutschland oder Holland, usw., usw., usw.

Sechs-Punkte-Lösungs-Verfahren

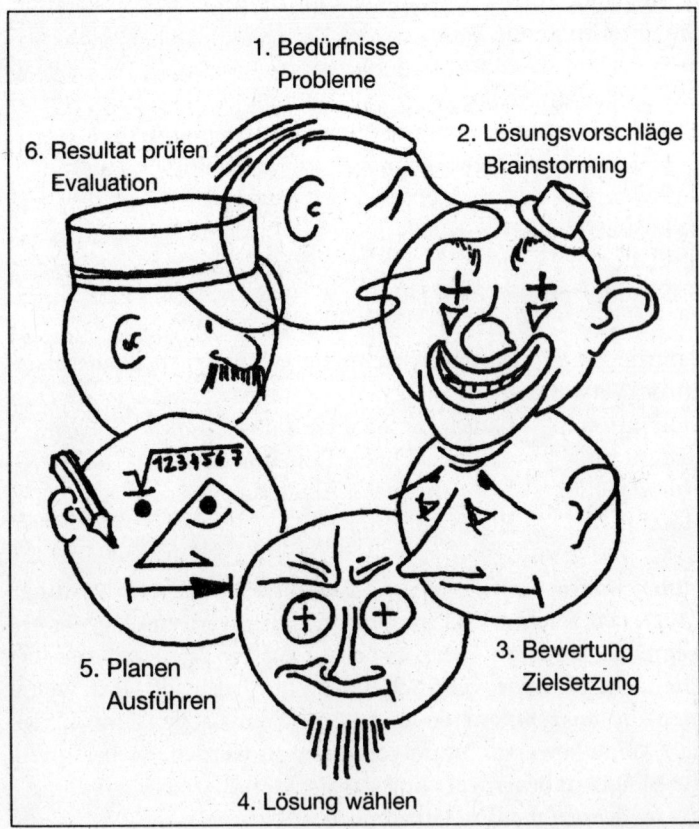

Irgendwann zieht der Vater einen Strich und stellt die Frage:
„Welche Kombinationsmöglichkeiten fallen euch ein?" – Diese Frage leitet zu Punkt 3 über: Bewertung und Zielsetzung. Jetzt darf man nach Lust und Laune bewerten, kombinieren, streichen. Familie Meier findet folgenden Kompromiss: Ferien an einem „Bergsee" in einer günstigen Pension.

Vater und Sohn können sich einige Tage absetzen, zwecks Wanderung und Höhlenforschung. Die Tochter kann baden und im nahen Kurort tanzen. Die Mutter sitzt bequem auf dem Balkon und liest einen spannenden Liebesroman, der schon lange auf ihrem Nachttisch lag.

Bei Punkt 4 geht es nur noch um die Wahl des „Bergsees": Titisee, Gardasee, Schluchsee, Plattensee, Wannsee, Wörthersee.

Die letzten beiden Schritte: Planen (5.) und Resultat prüfen (6.) können wir getrost der Familie Meier alleine überlassen.

Bei diesem Vorgehen fühlen sich die Kinder ernst genommen. Sie können mitbestimmen. Und siehe da, die störrischsten Kinder werden plötzlich interessiert und kompromissbereit. Die versöhnende Wirkung ist vielleicht der wichtigste Nebeneffekt dieses Sechs-Punkte-Konfliktlösungs-Verfahrens.

Erfolg im Leben ...

ist nicht nur	– mehr können.
	– mehr besitzen.
	– mehr gelten.
sondern auch	– mehr Achtung.
	– mehr Liebe.
	– mehr Mitmenschlichkeit.
	– mehr innere Festigkeit.
	– mehr verstehen können.

wapa

26. Kinder kennen keine Grenzen – oder Grenzen setzen ohne Machtmissbrauch

Während der letzten dreissig Jahren hat sich bei uns die Erziehungssituation wesentlich geändert. Damals war es richtig und nötig zu zeigen, dass die Unterdrückung der kindlichen Seele durch „dirigistische Machtanwendung" nicht zum gewünschten Erfolg führt. Deshalb war die Begeisterung für die sogenannte niederlagslose Erziehung gross.

Was den Eltern aus jener Zeit in Erinnerung geblieben ist, war der zu absolut formulierte Slogan: „Erziehung ohne Macht". Leider aber hat man versäumt, den Eltern einen Ersatz für jene, vormals „dirigistische" Machtanwendung zu vermitteln.

Die tragische Folge ist, dass gerade jene Eltern, welche die damalige Befreiung der Kinder aufgegriffen und weitergeführt haben, heute hilflos vor der Rücksichtslosigkeit und Brutalität ihrer eigenen Jugendlichen stehen. Denn während der letzten dreissig Jahre hat die Respektlosigkeit gegen alle und alles und die Gewaltanwendung auf Kinderspielplätzen und auf Schulhöfen, unterstützt durch brutale Videofilme und ähnliches stark zugenommen. Dementsprechend werden Kinder auch gegen ihre eigenen Eltern immer frecher, immer zerstörerischer, ja sogar handgreiflich.

Unsere Wohlstandsgesellschaft vermittelt den Kinder den Lebenssinn: „Ich habe das Recht, alles zu haben. Es muss so gehen, wie ich will. Die Eltern müssen mich bedienen. Ich bin der(ie) Prinz(essin)!"

Dieser neuen Entwicklung haben sich die Erziehungsvorstellungen von damals nicht angepasst. So pendeln die Eltern heute noch ständig zwischen zwei Extremen hin und her: Zwischen der autoritären und der antiautoritären Linie. Was heutigen Eltern anscheinend besonders schwer fällt, ist das „Neinsagen ohne Wenn und Aber", hervorgerufen durch die ständige Angst, in alte Verhaltensmuster zurückzufallen. – Für Eltern und Kinder ein ständiges Wechselbad.

Engagierte Eltern sitzen heute zwischen allen Stühlen. Sie müssen sich zwischen mindestens drei unvereinbaren Erziehungsstilen entscheiden:

1. Der autoritäre Erziehungsstil
Die Grundidee des autoritären Erziehungsstiles besagt: Durch Kontrolle, Korrektur und Dirigismus lerne der junge Mensch, das Gute zu wollen. Jeder Mensch, der wirklich wolle, könne das Gute tun. Wenn ein Kind sich querlege, dann wolle es eben nicht. Sinn des Lebens wäre: Moralische Leistung.

2. Der antiautoritäre Erziehungsstil
Die Grundidee des antiautoritären Erziehungsstils (Laisserfaire Stil) besagt: Vermeiden von Kontrolle, volle Freiheit sei zu respektieren, denn jeder Mensch habe seine richtige Lösung in sich. Durch Erfahrung finde der Mensch seinen richtigen Weg selbst. Deshalb sei Dirigismus nicht nötig. Sinn des Lebens wäre demnach: Jeder lebt sein eigenes Leben, jeder hat die Lösung seiner Probleme in sich. Er hat keine Hilfe nötig.

3. Der SEMI-liberale Erziehungsstil
Da obige beide Extreme anscheinend auf die Dauer nicht praktikabel sind, entschliessen sich viele unbewusst für eine Mischlösung, den SEMI-liberalen Erziehungsstil (SEMI = halb, nicht ganz). Folgende Grundidee schwingt beim SEMI-liberalen Stil unbewusst mit: Selbstverwirklichung, soweit wie möglich; eigenständige Lebensformen, soweit wie möglich; eigene, individuelle Lösung, soweit wie möglich; Gewährung von Freiheit, sofern sie vernünftig und richtig gebraucht wird. – Richtlinien ja, aber sowenig wie möglich. Kontrolle ja, aber nicht einengend. Gut sein nicht durch Druck, sondern aus Überzeugung.

Die Wendung: „Soweit wie möglich" verführt zum „Leistungsdruck durch die Hintertür". Bei genauerem Hinsehen erkennt man: Viele Eltern huldigen unbewusst dem SEMI-liberalen Erziehungsstil. Was beim SEMI-liberalen Stil schliesslich herauskommt, ist in Wirklichkeit ein Hin- und Herpendeln zwischen zwei Extremen. Einerseits bemühen sich die Eltern, mit viel Idealismus und Aufwand ihrem Kind tolerant und einfühlsam zu begegnen. Andererseits fallen sie im entscheidenden Moment in alte Machtstrukturen zurück und entscheiden autoritär, was zu tun und was zu lassen ist.

Hier drängt sich die Frage auf: Wie verhalte ich mich, damit ich nicht endlos zwischen diesen beiden Extremen, der autoritären und der antiautoritären Methode hin- und herpendeln muss? Und wie kann ich meinem Kind sichere Grenzen setzen, ohne dirigistisch zu werden?

Aus meiner Sicht gibt es einen vierten, eigenständigen Erziehungsstil, welcher sich in der Praxis seit einigen Jahren bewährt. Es ist der Weg des „Problem-Orientierten-Gespräches", kurz:

4. Die „POG-Methode"
Dieser Erziehungsstil ist gekennzeichnet durch drei Elemente:
1. durch den Mut zur Blockierung
2. durch den Mut zur Konfliktfähigkeit
3. durch den Mut zur Änderung

1. Mut zur Blockierung
Der Mut zum konsequenten NEIN ist dann kein Machtmissbrauch, wenn der betroffene Elternteil zu seinem Kind sagen kann:

„Solange du auf mich Druck ausübst, werde ich auf dich nicht eingehen, denn ich bin nicht bereit zu verlieren. Solange wir beide gegenseitig Macht anwenden, solange blockiere ich."

2. Mut zur Konfliktfähigkeit
Der Mut zum konsequenten NEIN ist dann kein Machtmissbrauch, wenn der betroffene Elternteil zu seinem Kind sagen kann:

„Ich kann unsere Spannung (Konflikt) aushalten. Solange du bei deiner Auffassung bleibst, solange bleibe ich bei meiner. Ich lasse mich nicht erpressen, genauso wenig, wie ich dich erpresse. Erst wenn wir über unseren Konflikt reden können, werde ich offen und änderungsbereit."

3. Mut zur Änderung
Der Mut zum konsequenten NEIN ist dann kein Machtmissbrauch, wenn der betroffene Elternteil zu seinem Kind sagen kann:

„Ich bin jederzeit bereit, deine Vorschläge ernst zu nehmen, und ich bin jederzeit bereit, meine Auffassung zu ändern, wenn ich den Sinn einsehen kann. Wir stellen uns jetzt die Frage, was können wir tun, damit wir uns beide wohl fühlen?"

Was ich unter dem Begriff „Blockierung" im Erziehungsalltag verstehe, versuche ich an folgenden vier Beispielen zu zeigen:

Beispiel 1:
Karin hat Schwierigkeiten mit dem Aufstehen. Nur weil die Mutter hilft, das Butterbrot zu streichen, die Schuhe zu binden und die Schulsachen bereitzulegen, kommt Karin jeweils gerade noch rechtzeitig in die Schule. Die Mutter entscheidet sich zu blockieren. Sie sagt ohne zu schimpfen: „Karin, ab morgen helfe ich dir nicht mehr beim Frühstück und beim Bereitmachen für die Schule. Ich weiss, dass du das alleine kannst."

Zwei Tage kam Karin danach zu spät in die Schule. Die Mutter hat es mit keinem Wort erwähnt. Dann war der Spuk für immer vorbei.

Beispiel 2:
Der fünfjährige Christian geht immer eine Sekunde zu spät aufs Klo. Bis die Hose runter ist, ist das Höschen nass. Mutter muss ihm pro Tag fünf bis acht trockene Höschen geben. Die Mutter entscheidet sich zu blockieren. Sie sagt ohne zu schimpfen: „Christian, wenn wir auswärts sind, gehst du einen ganzen Nachmittag nicht aufs Klo. Dein Höschen bleibt trocken. Ab morgen werde ich Dir pro Tag nur noch ein Höschen austauschen."

Christian lief danach den ganzen Tag mit nassen Höschen herum. Die Mutter ging mit keinem Wort darauf ein. Nach drei Tagen war der Spuk vorbei.

Beispiel 3:
Die Mutter wünscht, dass die Kinder beim Abwaschen helfen. Sie versucht, mit den Kindern darüber zu reden. Die Kinder interessiert das Thema nicht. Sie laufen einfach davon. Die Mutter entscheidet sich zu blockieren. Sie sagt ohne zu schimpfen: „So lange wir nicht gemeinsam das Abwaschproblem gelöst haben, so lange werde ich nicht mehr abwaschen. Nach zwei Tagen war alles saubere Geschirr verbraucht, die Küche ein Chaos und das Mittagessen unappetitlich. – Wieso interessieren sich die Kinder jetzt plötzlich für das Abwaschen?"

Beispiel 4:
Folgende Situation ist so einfach, dass ich lange gezögert habe, sie niederzuschreiben. Doch sie steht exemplarisch für viele ähnliche Situationen. Ich kenne die Familie schon seit Jahren. In gewissen Zeitabständen habe ich mit der Mutter der Familie immer wieder das gleiche Gespräch. Sie sagt mir:

„Bei uns ist es einfach nicht möglich, zum Beispiel Spiegeleier auf Spinat warm essen zu können. Bis der Papa am Tisch sitzt, ist alles lauwarm. Es ist immer dasselbe Spiel: Ich habe das Mittagessen angerichtet. Ich rufe: „Das Mittagessen ist fertig!" Die drei Kinder kommen. Wir sind bereit zum Beten. Doch Papa ist noch in seinem Studierzimmer. Ich rufe zum zweiten Mal: „Papa, das Mittagessen ist fertig!" – Papa: „Ja, ich komm ja schon!" – Immer noch warten wir aufs Beten. Ich werde ungeduldig und rufe zum dritten Mal: „Papa, das Essen wird kalt. Wir wollen anfangen!" – Nun erscheint der Papa, setzt sich an die obere Tischkante und betet."

Die Mutter der Familie klagt mir: „Und das geht schon seit Jahren so. Jeden Tag rege ich mich auf. Und wie oft habe ich Papa gebeten, uns nicht immer warten zu lassen. Aber Papa ändert sich nicht. Warum muss das so sein?"

Wie hat diese Frau schliesslich den Sprung aus dieser endlosen Spirale geschafft? – Sie hat das Spielchen blockiert, indem sie nicht mehr geredet und geschimpft hat. Sie hat gehandelt und neue Fakten gesetzt.

Versuchen wir, die neue Haltung der Frau in ein Gespräch zu kleiden: Die Frau ruft: „Das Essen ist fertig!" Der Mann kommt nicht. Die Frau ruft zum zweiten Mal: „Das Essen ist fertig!" Schliesslich ruft sie: „Ich bete jetzt!" Sie spricht das Tischgebet. Nachdem der Mann keine dritte Einladung von seiner Frau vernimmt, schreitet er zögernd ins Esszimmer, setzt sich an seinen Platz und sagt: „Wieso habt ihr ohne mich angefangen?" – Die Frau: „Ich habe zweimal gerufen, und dann haben wir angefangen." – Der Mann murmelt vor sich hin: „Was sind denn das für neue Flausen? Mit denen fangen wir erst gar nicht an!" Und dann wurde wortlos gegessen.

Nach dem Essen sucht die Frau eine Möglichkeit, mit ihrem Mann allein zu reden. Sie beginnt: „Ich habe mich in letzter Zeit immer schlechter gefühlt. Mit dem ewigen dreimal Rufen hatte ich je länger je mehr das Gefühl, meine Arbeit, mein gutes warmes Mittagessen werde gar nicht geschätzt." – Der Mann: „Dummes Zeug. Ich schätze dich sehr!"

Die Frau: „Das mag sein. Nur spüre ich etwas anderes. Auf dein Wort reagieren wir alle sofort. Und da ich der Überzeugung bin, dass Mann und Frau gleichwertig sind, habe ich mich entschlossen, auch nur noch einmal zu reden – wie du."

Der Mann erregt: „Du wendest Macht an!" – Die Frau: „Ich mache es genau wie du!" – Jetzt weiss der Mann nicht, wie er reagieren soll. – Die Frau schliesst das Gespräch ab und sagt: „Ab morgen rufe ich nur einmal. Wenn du dann nicht kommst, bete halt ich." – Damit war das Thema ein für allemal vom Tisch.

> Eine Änderung zum Besseren tritt nur ein, wenn ich „blockiere".
> Mein konsequentes NEIN bedeutet nicht das Ende, sondern den Beginn eines „aufbauenden Gespräches".
>
> wapa

Teil II: Roter Faden einer wirksamen Idee

Frage 1: „Wie kann ich in der Erziehung auf Macht verzichten?"

Die üblichen Erziehungsmodelle verlieren langsam, aber sicher ihre Wirkung. Der autoritäre Erziehungsstil ist nicht mehr praktikabel. Auch die antiautoritäre Welle hat sich auf Dauer nicht bewährt.

Bereits habe ich mich entschlossen, dem alten patriarchalischen Erziehungssystem abzuschwören und „Macht" nicht mehr unbedacht als Erziehungsmittel anzuwenden. Was aber sonst? Ich kann doch meine Kinder nicht wie Wilde aufwachsen lassen! Der Ersatz für Macht heisst:

> **Regel 1:**
> Ich kann in dem Mass auf Macht verzichten,
> wie meine Rede wirksam ist.

Frage 2: „Wie wird meine Rede wirksam?"

Ist es überhaupt denkbar, Wörter so zu wählen und Sätze so zu formulieren, dass sie den Einsatz von Strafe, Geboten und Verboten ersetzen könnten?

Wenn Kinder auf die mit viel Geduld und Aufwand geführten Reden der Eltern reagieren würden, kurz, wenn unsere Sprösslinge gehorchen würden, wäre dieses Buch überflüssig und Erziehungskurse kein Thema. Aber anscheinend genügt blosses Reden nicht. Wie also bekomme ich bei meinen Kindern Einfluss?

Viele Menschen nehmen sich die Wirksamkeit ihrer Rede durch ihren eigenen, untergründigen und unbedacht vorwurfsvollen Ton. Unsere Redekultur in Politik, am Arbeitsplatz und in der Familie ist auf dem Prinzip des Vorwurfs aufgebaut. Vorwürfe aber verhärten und blockieren. Wahr ist:

> **Regel 2:**
> Meine Rede wird in dem Mass wirksam,
> wie ihre Sätze ohne Vorwürfe sind.

Frage 3: „Wie aber werden meine Sätze vorwurfslos?"

Dass eine vorwurfslose Rede angenehmer anzuhören ist als ständige Vorwürfe, leuchtet ja ein, und ich nehme mir gerne vor, „vorwurfslos" zu reden. Nur, was soll das? Wenn mein Sohn trotz ständigem Ermahnen seine Turnkleider im Gang am Boden liegen lässt, kann ich doch nicht lakonisch sagen: „Deine Turnkleider liegen am Boden!"

Doch, Sie können. Es ist ein Versuch wert. Das Prinzip heisst: Jeder, auch der geringste Vorwurf erzeugt Widerspruch, Opposition. Der Satz: „Nicht einmal deine Kleider kannst du anständig versorgen! Jetzt verschwinden die aber blitzartig!", erzeugt die Reaktion: „Oh, diese ewige Meckerei! Die Eltern sollen doch den Kram selber zusammensuchen!" Hingegen der lapidare Satz: „Die Turnkleider liegen im Gang" erzeugt die Stimmung: „Ja stimmt, dort gehören sie wirklich nicht hin. Ich versorge sie." Sie glauben mir nicht??? Das bin ich gewohnt. Wagen Sie das Experiment trotzdem! Vorwurfslose Sätze fördern die Bereitschaft zu einem angenehmen Gespräch. Das führt uns zu der Regel:

> **Regel 3:**
> Meine Sätze werden vorwurfslos,
> wenn ich ein Verhalten wertfrei schildere.

Frage 4: „Wie kann ich ohne Dirigismus Einfluss haben?"

Sie werden sagen: „So einfach ist die Sache aber dann doch nicht. Wenn das Kind ewig bei Tisch lümmelt, muss ich doch sagen: „Jetzt ist Schluss, setz dich richtig hin!" Ich bin auch versucht zu sagen: „Du enttäuschst mich schrecklich, so will ich dich nicht sehen. So kann ich dich nicht mehr gern haben!"

Solche Sätze sind Dirigismus, ja Psychoterror! Da kann ein Kind nicht dagegen ankommen! Die kritische Frage lautet deshalb: „Wie kann ich das Kind zum Einlenken bewegen, ohne dirigistisch zu werden?"

Ich versuche, das Problem des Kindes zu erfassen. Denn wenn das Kind lümmelt, hat es ein Problem. Dieses werde ich so formulieren, dass es aus tiefstem Herzen sagen kann: „Ja, genau!" Daraufhin versuche ich, ihm mein Problem so einfach und klar zu schildern, dass mich das Kind versteht. Die Regel lautet:

Regel 4:
Ich kann ohne „Dirigismus" Einfluss haben, wenn ich das Problem meines Kindes erfasst und ausgesprochen habe, und wenn das Kind mein Problem versteht.

Frage 5: „Wie soll denn das gehen? Das Kind lümmelt bei Tisch, und ich soll mich mit Problemen herumschlagen?"

Üblicherweise gebraucht man das Wort „Problem" sehr ungenau und versteht darunter so verschiedene Dinge wie Schwierigkeit, Entmutigung, sich in einer heiklen Situation befinden und vieles mehr. In unserem Modell sind Probleme nicht Schwierigkeiten, sondern Entscheidungshilfen. Eine Hilfe ist hier die Redewendung: Einerseits/andererseits.

Auf diese Weise kann ich die weiteren Sätze positiv beginnen lassen und komme so wieder um einen Vorwurf herum. Beispiel: Brigitte hat Schwierigkeiten mit dem morgendlichen

Aufstehen. Normalerweise sage ich vorwurfsvoll: „Du musst halt früher ins Bett!"

Bleibe ich sachlich, könnte ich sagen: „Einerseits wäre es schön, noch ein bisschen liegen zu bleiben. Andererseits kommst du dann unter Zeitdruck, wenn Du pünktlich in der Schule sein willst."

Ich höre den Einwand: „Und nach diesem Satz würde das Kind laut Theorie früher aufstehen? Noch nicht ganz. Zunächst heisst die Regel:

> Regel 5:
> Bei einem Problem stehe ich vor mindestens zwei Entscheidungsmöglichkeiten.
> Die Redewendung „einerseits/andererseits" ermöglicht einen positiven Satzanfang.

Frage 6: „Wie kann ich in einem Streitgespräch die Emotionen senken?"

Trotz allem, was wir bis jetzt besprochen haben, muss ich damit rechnen, dass das Kind immer noch bockt. Das Kind braucht im Gespräch tausend Ausreden, wiederholt sich dauernd und sucht Ausflüchte. Noch mehr – das Kind wendet rücksichtslos Macht an! So finde ich mich jeden Tag wieder am gleichen Punkt. Wie kann ich in einer solch geladenen Situation noch gelassen über seine Fehler reden, ohne „vorwurfsvoll" zu werden?

Ich werde dem Kind ruhig, sachlich, aber bestimmt sagen: „Ich werde versuchen, dir keine Vorwürfe zu machen, aber ich bestehe darauf, mit dir über unseren gemeinsamen Konfliktgegenstand zu reden. Ich bitte dich, nach dem Morgenessen das Geschirr in die Küche zu tragen, weil ich arbeite und früh weg muss. Du sagst dann: „Das mache ich nicht! Ich will noch 15 Minuten länger im Bett bleiben." Jetzt haben wir deswegen jeden Tag Streit.

Schau doch, wir beide haben Streit miteinander, weil wir beide Probleme haben. Und dort, wo unsere beiden Probleme zusammenstossen, haben wir unseren gemeinsamen Konfliktgegenstand. Beide wollen wir unsere Idee durchsetzen, und deshalb wenden wir beide Macht an. Ich komme dann eben auch in eine Notlage und weiss mir nicht anders zu helfen, als mit Machtanwendung und Schimpfe. Aber Machtanwendung ist Ohnmacht, bei dir und bei mir. Wir suchen jetzt den gemeinsamen Konfliktgegenstand. So müssen wir uns keine Vorwürfe mehr machen. Wir werden das doch gemeinsam schaffen!"

Zum Schluss werde ich sagen: „Weisst du, wie froh ich bin, dass ich jetzt keine Macht mehr anwenden muss!"

> Regel 6:
> Statt sich gegenseitig Vorwürfe zu machen,
> sprechen wir über den gemeinsamen Konfliktgegenstand.
> Unser Gespräch wird sachlich.

Frage 7: „Welche Mittel bleiben mir, wenn das Kind immer noch nicht mitzieht?"

Das Kind wird am Anfang bestimmt noch nicht nachgeben und auf seinem Standpunkt beharren. Z. B.: Jeden Abend das leidige „Ins-Bett-Gehen".

Viele Kinder besitzen die Gabe, immer und immer wieder mit den Eltern über das Gleiche zu diskutieren und immer die gleichen Einwände zu bringen. Jeden Abend das gleiche Spielchen, endlose Wiederholungen sind die Folge. Aber ändern tut sich nichts. Wie muss ich mich denn da verhalten?

Mein Kind bleibt nur so lange bei seinem Verhalten, wie es damit Erfolg hat. Ohne dass ich mein Verhalten ändere, wird sich nie etwas ändern. Deshalb werde ich mir überlegen, was anders sein müsste, damit mein Kind aus seinem Verhalten keinen Lustgewinn mehr ziehen kann. Wenn ich das weiss, entschliesse ich mich, mein Verhalten zu ändern. Vorteil: Ich muss nicht mehr kritisieren und befehlen. Ich bleibe bei mir, ziehe die Konsequenzen und muss mich nicht mehr ärgern.

> **Regel 7:**
> Ich kann nichts und niemanden ändern, – ausser mich.
> Ich kann nur für mich einen Entschluss fassen und mein Verhalten ändern.

Frage 8: „Wie gelange ich zu brauchbaren Lösungen?"

Warum aber finden wir immer noch keine brauchbaren Lösungen? Viele Eltern interessieren sich infolge Zeitmangel nur für das reibungslose Funktionieren des Tagesablaufes. Das Kind spürt, die Eltern sind nicht an seinen Freuden und Leiden interessiert, sondern nur an ihrer eigenen Bequemlichkeit. Sie wünschen pflegeleichte Kinder.

Wenn aber das Bedürfnis und die Problemstellung des Kindes nicht berücksichtigt wird, sind unsere Lösungen meist falsch oder nur halbrichtig. Deshalb: Die vier unerlässlichen Brückenpfeiler eines erfolgs-sicheren Gespräches heissen:

1. Bedürfnisse, zuerst deine, dann meine
2. Problemstellung, zuerst deine, dann meine
3. Konfliktgegenstand, der gemeinsame
4. Das aufbauende Gespräch

> **Regel 8:**
> Man kann nur Probleme lösen, die man kennt.

Frage 9: „Wie wird mein Kind endlich gesprächsbereit?"

Nehmen wir an, das Kind hätte den gemeinsamen Konfliktgegenstand erkannt und wäre bereit, darüber zu reden. Wie komme ich jetzt zu einer schnellen und brauchbaren Lösung? Ich beteilige das Kind bei der Lösungsfindung. Auch da wird das Kind nicht sofort mitmachen, denn es ist misstrauisch.

In dem Mass, in dem sich das Kind als gleichwertiger Partner angenommen fühlt, in dem Mass wird es kooperativ. Das richtig geleitete *Gespräch danach* eignet sich bestens dazu, mit dem Kind auf der Stufe der Gleichwertigkeit zu reden. Dadurch fühlt sich das Kind als gleichwertiger Partner in der Familie und wird kooperativ.

> **Regel 9:**
> Das stärkste Bedürfnis des Kindes ist das Gefühl,
> in der Familie als gleichwertiges Mitglied angenommen
> zu sein.

Frage 10: „Wie leite ich ein Gespräch ohne Dirigismus?"

Wenn ich nun als Familienoberhaupt dieses Gespräch leite, muss ich doch das Heft fest in der Hand behalten. Aber so werden die Kinder nicht mitmachen. Wie wird es mir denn möglich, ein aufbauendes Gespräch sicher und effizient zu leiten, ohne dirigistisch zu werden?

Mit dem Sechspunkte-Lösungsverfahren:
1. Bedürfnisse aller wertfrei abklären
2. Lösungsvorschläge wertfrei sammeln
3. Lösungen bewerten und entscheiden
4. Lösung wählen
5. Planen, Ausführen
6. Resultat prüfen

Mit dieser Arbeitsweise habe ich das Kind auf die gleiche Ebene wie wir Erwachsenen gestellt. Das ist für das Kind ein unerhörtes Erlebnis! Der wichtigste Satz des Modells heisst:

> **Regel 10:**
> Was können wir tun, dass wir uns beide wohl fühlen?

Frage 11: „Wie kann ich wissen, was in meinem Kind wirklich vorgeht?"

Es wurde bereits festgestellt: Das Kind wird erst änderungsbereit, wenn es sich verstanden fühlt. Es fühlt sich erst verstanden, wenn ich seine innere Not, sein Problem mit einerseits/andererseits verständlich formuliert habe. Nun weiss ich aber immer noch nicht, was das Kind mit seinem eigenartigen Verhalten bezweckt.

Die Motivation einer jeden Handlung ist geprägt von dem Warum (Vergangenheit) und dem Wozu (Zukunft). Natürlich ist es hilfreich zu wissen, warum ein Kind etwas tut oder eben nicht tut. Ich werde aber erst den wahren Sinn seiner Handlung erkennen, wenn mir klar ist, wozu das Kind gerade so und nicht anders handelt, welches Ziel es damit anstrebt. Beispiel: Die Familie im Restaurant. Konrad rutscht auf dem Stuhl hin und her und ist unausstehlich.

Warum ist Konrad unruhig? – Grund: Seine Beine reichen nicht bis zum Boden. Die Stuhlkante schnürt ihm das Blut ab.

Wozu ist Konrad unruhig? – Zweck: Die Eltern haben ihm versprochen, in den Zoo zu gehen. Er kann fast nicht warten und möchte sich bei den Eltern in Erinnerung rufen.

Will ich wirklich wissen, was in meinem Kind vorgeht, hilft folgende Regel:

> Regel 11:
> Ich kann das Wesen meines Kindes besser erfassen,
> wenn mich nicht nur das Warum interessiert, sondern
> auch das Wozu.

Frage 12: „Wie wird es mir möglich, den wahren Grund für das Verhalten meines Kindes herauszufinden?"

Jetzt habe ich schon eine gewisse Übung, das „Warum" und das „Wozu" zu unterscheiden. Aber noch immer fällt es mir schwer, bei der Unmenge von Bedürfnissen den eigentlichen Beweggrund seines Verhaltens zu erkennen. Das ist einfacher, als man denkt:

Im Grunde genommen hat das Kind nur drei unverzichtbare Bedürfnisse: Das Bedürfnis nach Freiheit, das Bedürfnis nach Annahme und das Bedürfnis nach Gerechtigkeit. Wenn bei einem Kind diese drei unverzichtbaren Grundbedürfnisse nicht bis zu einem gewissen Grad abgedeckt sind, befriedigt das Kind seine Bedürfnisse mit List oder Gewalt.

> Regel 12:
> Wird Freiheit verweigert, – holt sie sich das Kind mit
> Macht. Wird Annahme verweigert, – strebt das Kind nach
> Leistung. Wird Gerechtigkeit verweigert, – sinnt das Kind
> auf Rache.

Frage 13: „Woher kommt mein unterschwelliger Druck, mich und andere Leute zu beschuldigen?"

Nun weiss ich das alles und habe es auch geübt, und trotzdem fällt es mir immer noch schwer, mit meinem Kind so locker und vorwurfslos zu reden. Ich spüre in mir einen untergründigen, unheimlichen Druck, immer und immer wieder mich und mein Kind zu verteidigen, oder zu beschuldigen. Woher kommt denn das? Ich fühle mich dann richtig schlecht. Wie kann ich diesen elenden Zustand überwinden?

Das eigentliche Hindernis zur vorwurfslosen Rede sind unbewältigte Schuldgefühle. Die positive Verarbeitung dieser Schuldgefühle gibt Ihnen jenes befreiende Gefühl, welches Sie dann befähigt, mit Ihrem Kind angenehm und spielerisch ein gutes Verhältnis aufzubauen.

> **Regel 13:**
> Eine wahrhaft vorwurfslose Lebenshaltung entsteht durch positive Verarbeitung der eigenen Schuldgefühle.

Frage 14: „Woher nehme ich denn die Gelassenheit, in kritischen Situationen so besonnen zu reagieren?"

Ich kann bereits feststellen, dass sich bei mir langsam aber sicher der unterschwellige Zwang vermindert, die ganze Verantwortung für mein Kind tragen zu müssen. Ich kann loslassen! Jetzt stehe ich nicht mehr unter dem Leistungsdruck, richtig handeln zu müssen. Jetzt habe ich Vertrauen in das Leben, Vertrauen in mein Schicksal, Vertrauen in mein Kind und vor allem Vertrauen in mich selber. Nun spüre ich: Mein Kind fühlt sich in meiner Gegenwart wohl.

> **Regel 14:**
> Ich kann unterscheiden zwischen Verantwortung, die ich habe, und Verantwortung, die ich nicht übernehmen darf.

Frage 15: „Worum geht es eigentlich?"

Regel 15:
In diesem Buch geht es nicht um Methode, sondern um Lebenshaltung.

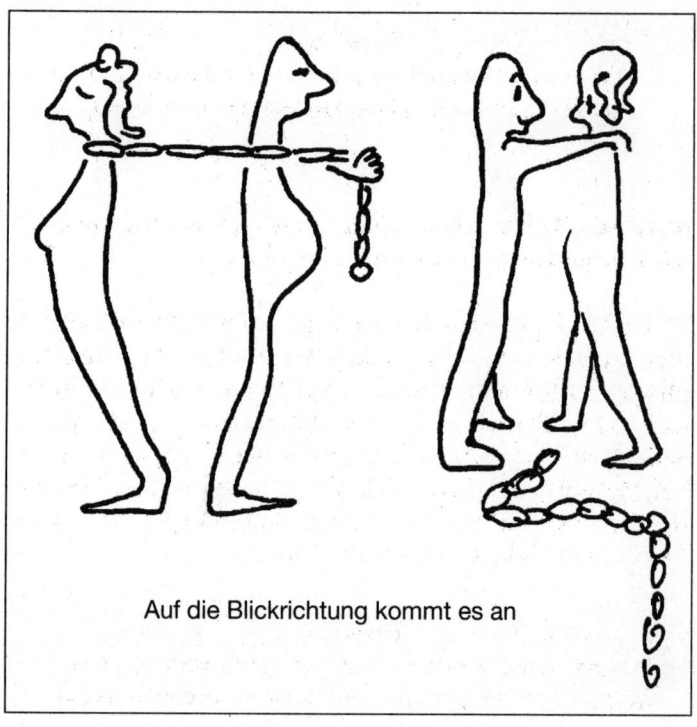

Auf die Blickrichtung kommt es an

Roter Faden – Kürzestfassung

Regel 1:
Ich kann in dem Mass auf Macht verzichten,
wie meine Rede wirksam ist.

Regel 2:
Meine Rede wird in dem Mass wirksam,
wie ihre Sätze ohne Vorwürfe sind.

Regel 3:
Meine Sätze werden vorwurfslos,
wenn ich ein Verhalten wertfrei schildere.

Regel 4:
Ich kann ohne „Dirigismus" Einfluss haben, wenn ich
das Problem meines Kindes erfasst und ausgesprochen habe,
und wenn das Kind mein Problem versteht.

Regel 5:
Bei einem Problem stehe ich vor mindestens zwei
Entscheidungsmöglichkeiten.
Die Redewendung „einerseits/andererseits" ermöglicht einen
positiven Satzanfang.

Regel 6:
Statt sich gegenseitig Vorwürfe zu machen,
sprechen wir über den gemeinsamen Konfliktgegenstand.
Unser Gespräch wird sachlich.

Regel 7:
Ich kann nichts und niemanden ändern, – ausser mich.
Ich kann nur für mich einen Entschluss fassen und mein Verhalten ändern.

Regel 8:
Man kann nur Probleme lösen, die man kennt.

Regel 9:
Das stärkste Bedürfnis des Kindes ist das Gefühl,
in der Familie als gleichwertiges Mitglied angenommen zu sein.

Regel 10:
Was können wir tun, dass wir uns beide wohl fühlen?

Regel 11:
Ich kann das Wesen meines Kindes besser erfassen,
wenn mich nicht nur das Warum interessiert, sondern auch das Wozu.

Regel 12:
Wird Freiheit verweigert, – holt sie sich das Kind mit Macht. Wird Annahme verweigert, – strebt das Kind nach Leistung. Wird Gerechtigkeit verweigert, – sinnt das Kind auf Rache.

Regel 13:
Eine wahrhaft vorwurfslose Lebenshaltung entsteht durch positive Verarbeitung der eigenen Schuldgefühle.

Regel 14:
Ich kann unterscheiden zwischen Verantwortung, die ich habe, und Verantwortung, die ich nicht übernehmen darf.

Regel 15:
In diesem Buch geht es nicht um Methode, sondern um Lebenshaltung.

Kurse

ORGANISATION PACHER-KURSE

**Brauchbares Wissen, sicheres Können,
klar und übersichtlich, erfrischend,
spannend, unterhaltend.**

Freude an der Familie
Ein Kurs für Eltern und Alleinerziehende,
bestehend aus drei Teilen zu je 15 Stunden.
Sie verpflichten sich jeweils nur für einen Teil.

Konfliktlösung am Arbeitsplatz
Ein Kurs für Angestellte in leitender Funktion,
bestehend aus drei Teilen zu je 15 Stunden.
Sie verpflichten sich jeweils nur für einen Teil.

Weitere Auskunft durch die **Organisation PACHER-Kurse**.

Sekretariat:
Ruth Meier, Alte Landstrasse 10, CH-8800 Thalwil,
Tel./Fax 01/7 20 80 68

Walter PACHER, Steinhaldenstrasse 64, 8002 Zürich,
Tel./Fax 01/2 02 74 62

ORGANISATION PACHER-KURSE

Empfohlene Literatur

Bettelheim Bruno / **Karlin** Daniel, *Liebe als Therapie*, Gespräche über das Seelenleben des Kindes, Piper 1986

Bettelheim Bruno, *Der Weg aus dem Labyrinth*, Deutsche Verlags-Anstalt, Stuttgart 1975

Bettelheim Bruno, *Ein Leben für Kinder*, Deutsche Verlags-Anstalt, Stuttgart 1975

Dreikurs Rudolf / **Grey** Loren, *Kinder lernen aus den Folgen*, Herder/Spektrum, Band 4055, Freiburg 1991

Frankl Viktor E., *Im Anfang war der Sinn*, Serie Piper, Band 520, München 1986

Frankl Viktor E., *Psychotherapie für den Laien*, Herderbücherei, Band 387, Freiburg 1986

Gordon Thomas, *Familienkonferenz*, Hoffmann & Campe, Hamburg 1978

PACHER Walter, *Wenn Kinder immer anders wollen*, Herder/Spektrum, Band 4118, Freiburg

Postmeyer Bernard, *So hilfst du deinem Kind*, Herder-Verlag, Freiburg 1981

Prekop Jirina, *Der kleine Tyrann. Welchen Halt brauchen Kinder*, Kösel-Verlag, München 1988

Marwedel Ulrike und Christa, *Was Kinder brauchen – was Eltern gut tut. Transaktionsanalyse für den Familienalltag*, Herder/Spektrum Band 4509, Freiburg 1997

Schulz von Thun Friedemann, *Miteinander reden 1*: Störungen und Klärungen, Rororo-Verlag, Hamburg 1986

Veith Peter, Eltern machen Kindern Mut. Verlag Herder, Freiburg 1997

Zoller Eva, *Philosophieren lernen und lehren in der Volksschule*. Arbeit für das Lizenziat an der philosophisch-historischen Fakultät der Universität Basel, 1987

Zoller Eva, *Die kleinen Philosophen*, Orell Füssli, Zürich 1991

Kinder, Kinder

Beth MacEoin
Homöopathie für Babys und Kinder
Sanft und wirksam heilen – der Leitfaden für Eltern
Band 4527
Die erfahrene Ärztin und Homöopathin zeigt, was hilft: vom Zahnen bis zu Insektenstichen. Das praktische Hausbuch.

Patricia Aden
Autogenes Training mit Kindern und Jugendlichen
Ein praktischer Leitfaden für Eltern und Erziehende
Band 4512
Wie Kinder seelischen Streß und auch körperliches Unbehagen bewältigen und das Gelernte in den Alltag mitnehmen können.

Xenia Frenkel
Was tut die Bananenschale unterm Bett?
Im Kinderchaos Nerven bewahren und Spielregeln finden
Band 4499
Kinder brauchen das kreative Chaos, aber auch klare Grenzen.
Wie Eltern bestimmte Regeln schaffen können.

Dr. med. Helmut Niederhoff
Kinderkrankheiten von A-Z
Schnell erkennen – Richtig reagieren – Umfassend vorbeugen
Band 4482
Das Hausbuch: alles, was man wissen muß, um ein gesundes Kind zu haben. Prägnant, verständlich und auf dem neuesten Stand.

Birgit Fuchs
Tortellini und Bambini
101 phantasievolle Beschäftigungen für Kinder, deren Eltern gerade etwas anderes zu tun haben
Band 4473
Für einen ungestreßten Alltag mit den Kleinen. Viel Vergnügen!

HERDER / SPEKTRUM

Marianne Sedivy
Über Gott und Gummibärchen
Überraschende Geschichten und tiefe Gedanken aus Kindermund
Band 4464

Spontane, spirituelle Einsichten von Kindern zum Schmunzeln und Nachdenken.

Charles A. Smith
Hauen ist doof
Miteinanderspiele – Anregungen und Tips für Eltern und Erziehende
Band 4460

Spielen ohne Aggression: wie Kinder ganz nebenbei lernen, Gefühle zu zeigen, sich zu verständigen und Hilfe anzubieten.

Christine Brasch
Der gute Ton für kleine Rüpel – und entnervte Eltern
Band 4458

Der tägliche Kampf um Bitte und Danke hat ein Ende: ganz konkrete und erprobte Hinweise zum Was und Wie des guten Benehmens.

Kinderglück
Hrsg. von Karin Walter
Band 4439

Fröhliche, glückliche Kinder stecken mit ihrer unbeschwerten Lebenslust an, sie sind neugierig und frech. Ihre Perspektive ändert auch den Blick der Erwachsenen.

Almuth Bartl/Manfred Bartl
Kribbel-Krabbel-Kuschelspiele
Spiel und Spaß für kleine Mäuse
Band 4434

Phantasievolle Spielideen ohne viel Material für den Alltag und für Feste mit Kindern von eins bis vier.

HERDER / SPEKTRUM

Marcella Barth
Zärtliche Eltern
Wie Kinder Nähe erfahren und Freude am Körper erleben
Mit Fotos von Ursula Markus
Band 4418

Streicheln, balgen, kuscheln, strampeln – wenn Eltern und Kinder miteinander spielerisch die Sinne erkunden, stärkt das Selbstvertrauen und Vertrauen auf andere.

Marianne Arlt
Welt, ich komme!
Der Pubertät 2. Teil
Tagebuch einer entnervten Mutter
Band 4411

In der 2. Hälfte der Pubertät geht es erst richtig los. Da hilft nur eins: Raus mit den Kids! Denn draußen pulst das wahre Leben, hart, aber gerecht.

Helga Hoff
Märchen geben Kindern Mut
Ein Buch zum Vorlesen, Malen, Spielen
Band 4385

Die kompetente Pädagogin lädt mit ihren Spielmärchen Kinder ein, der verunsichernden – weil für sie unverständlichen – Welt zu entkommen.

Sabine Bernau
Hilfen für den Zappelphilipp
Das Selbsthilfe-Elternbuch
Band 4368

Alle notwendigen Informationen zur Hyperaktivität. Erfahrungsberichte von Eltern und Tips zur Selbsthilfe.

Ingeborg Becker-Textor
Netz für Kinder
Wie Eltern Kindergruppen auf die Beine stellen können –
Erfahrungen, Anregungen, Leitlinien
Band 4367

Kinder brauchen Kinder. Vor allem lernen sie viel, wenn sie zugleich mit jüngeren und älteren Kindern zusammen sind.

HERDER / SPEKTRUM

Karin Dörner/Christiane Nebel/Alexander Redlich
Geschichten für gestreßte Kinder
Vorlesegeschichten zum Entspannen und Mutigwerden
Band 4362

Im Miterleben dieser packenden, Abenteuer- und Alltagsgeschichten lernen Kinder, wie sie sich entspannen und mutig an ihre Probleme herangehen können.

Antje Friese/Hans-Jürgen Friese
Aufregen hilft nicht, Mama!
Wie Eltern die großen Probleme ihrer Kinder verstehen und helfen können
Band 4359

Gestörte Verhaltensweisen von Kindern sind oft ein Hinweis auf verborgene Probleme. Eltern sollten lernen, diese zu erkennen und hilfreich darauf einzugehen.

Armin Krenz
Kinderfragen gehen tiefer
Hören und verstehen, was sich hinter Kinderfragen verbirgt
Band 4357

Eltern kommen ihren Kindern näher, wenn sie richtig auf die Fragen ihrer Kinder eingehen können.

Eva Zoller
Die kleinen Philosophen
Vom Umgang mit „schwierigen" Kinderfragen
Band 4344

Typische Kinderfragen können einem häufig die Sprache verschlagen. Eva Zoller erschließt den „Großen" neue Möglichkeiten, ihren „Kleinen" zu begegnen.

Monika Hoffmann-Kunz
Lieben statt verwöhnen
Kindern Zuneigung schenken und Grenzen setzen
Band 4323

Wie Eltern den richtigen Weg zwischen Liebe und Verwöhnen finden können.

HERDER / SPEKTRUM

Janusz Korczak
Der kleine König Macius
Eine Geschichte in zwei Teilen für Kinder und Erwachsene
Die vollständige Ausgabe
Band 4322

Das erfolgreichste Werk des großen Pädagogen zeigt, wie Kinder Erwachsene sehen und was sie von ihnen und vom Leben erwarten.

Lilo Traun
Ciao, Mama – bis bald!
Wenn Kinder flügge werden – Lust und Frust einer betroffenen Mutter
Band 4308

Wie ist das, wenn die Kinder nur noch nach Hause kommen, weil sie etwas wollen? „Nur nicht unterkriegen lassen!" ist der Ratschlag einer betroffenen Mutter.

Bruno Bettelheim
Zeiten mit Kindern
Band 4292

Hier sind die praktischen Erkenntnisse des bekannten Kinderpsychologen, sowie seine tiefsten und schönsten Einsichten in einem Werk zusammengeführt.

Maria Montessori
Kinder lernen schöpferisch
Die Grundgedanken für den Erziehungsalltag mit Kleinkindern
Band 4262

Vom Kind aus denken! Dieser Ansatz der genialen Pädagogin hilft Eltern, Kinder als eigenständige Individuen zu fördern: Kreativ, neugierig und spielerisch leben sie sich in die Welt ein.

Judith S. Kestenberg/Janet Kestenberg-Amighi
Kinder zeigen, was sie brauchen
Wie Eltern kindliche Signale richtig deuten
Band 4222

Darauf können Sie vertrauen: Ihr Baby weiß selbst am besten, was es braucht. Hilfreiche Hinweise für gestreßte und schlaflose Eltern.

HERDER / SPEKTRUM

Armin Krenz
Seht doch, was ich alles kann
Was uns Kinder sagen wollen
Band 4209

Die Innenwelt des Kindes. Ein Buch, das die Vielfalt kindlicher Ausdrucksformen lesbar macht und hilft, Fähigkeiten besser zu entfalten.

Emil E. Kobi/Heidi Roth
Kinder von Aggressiv bis Zerstreut
Ein Ratgeber für den Erziehungsalltag
Band 4182

Damit aus einer Kinderzimmer-Mücke kein Elefant wird: überzeugende Vorschläge, die Probleme lösen und Fehlentwicklungen erkennen helfen.

Walter Pacher
Wenn Kinder immer anders wollen
Mehr Sicherheit und Gelassenheit für Eltern
Band 4118

Zuckerbrot und Peitsche sind keine Wundermittel gegen kleine Querulanten! Mehr wirkt da schon ein klärendes Gespräch am runden Familientisch.

Marianne Arlt
Pubertät ist, wenn die Eltern schwierig werden
Tagebuch einer betroffenen Mutter
Mit einem Nachwort von Christine Swientek
Band 4100

Marianne Arlt erzählt von heftigen Erfahrungen und wie man trotzdem ganz gut mit ihnen leben kann.

Rudolf Dreikurs/Loren Grey
Kinder lernen aus den Folgen
Wie man sich Schimpfen und Strafen sparen kann
Band 4055

Ein Erziehungsstil, der Kindern frühzeitig dazu verhilft, eigenständige Erfahrungen zu sammeln und mit Freiheit richtig umzugehen.

HERDER / SPEKTRUM